Abbé HEURLEY

Chanoine honoraire de Sens

MONOGRAPHIE

de la

PAROISSE DE VALLERY

au Diocèse de Sens (Yonne)

1884

AUXERRE

IMPRIMERIE DE « LA BOURGOGNE »

11, RUE DE VALMY

1913

MONOGRAPHIE
DE LA PAROISSE DE VALLERY

Abbé HEURLEY

Chanoine honoraire de Sens

MONOGRAPHIE

de la

PAROISSE DE VALLERY

au Diocèse de Sens (Yonne)

1884

AUXERRE

IMPRIMERIE DE « LA BOURGOGNE »

11, RUE DE VALMY

1913

MONOGRAPHIE

DE LA

PAROISSE DE VALLERY

au Diocèse de Sens (Yonne)

1884

QUELQUES MOTS D'AVANT-PROPOS

Le château historique de Vallery, la sépulture des princes de Bourbon-Condé, le mausolée de l'un d'entre eux qui décore l'église, ont donné à la localité un certain renom qui lui attire souvent des visiteurs.

Plusieurs membres de la Société des Sciences historiques et naturelles de l'Yonne en ont parlé dans leurs réunions. M. Challe, président de cette Société, a écrit et fait insérer dans l'Annuaire de l'Yonne de 1842 une notice sur Vallery, que nous avons parcourue avec beaucoup d'attention et d'intérêt. Cette notice, du reste, sauf quelques additions et un étalage d'idées extra-libérales à propos des guerres de religion, auxquelles prirent part les deux premiers Condé, seigneurs de Vallery, ne nous a paru être qu'une reproduction d'une ancienne notice sur le même sujet, publiée dans l'Almanach Tarbé de Sens, de l'année 1805.

M. Quantin, savant archiviste d'Auxerre, a raconté, avec pièces à l'appui, comment le mausolée de Henri II de Condé, qui est dans l'église, a failli périr en novembre

1792 et a été seulement détérioré par l'enlèvement des cuivres qui l'ornaient. M. Vaudin, célèbre photographe, a donné une description de ce mausolée et nous a révélé le nom du sculpteur jusque-là demeuré inconnu.

En prenant connaissance de ces publications diverses, éditées à diverses époques, il nous est venu à l'esprit de les fondre en un seul tout, et d'y ajouter. nous même, tout ce que nous trouverions d'inédit qui pourrait, un tant soit peu, intéresser la paroisse de Vallery. C'est ce travail que nous transcrivons sous le titre cité en tête de cette page.

Si l'on juge que nous nous sommes longuement étendu sur notre sujet, on nous pardonnera en songeant que nous aimions cette paroisse qui fût nôtre, et que l'on s'attarde volontiers à parler de ce que l'on aime.

C. Heurley.

I. — ETYMOLOGIE DU NOM DE VALLERY

Un vénérable curé de Dian (diocèse de Meaux), M. l'abbé Béreau qui fut, dit-on, ami de Mirabeau (ce dont entre parenthèses nous ne le félicitons que médiocrement), avait médité avec ce célèbre orateur de l'Assemblée de 1789, pendant les séjours que celui-ci faisait au Château du Bignon (1), le projet d'une histoire archéologique du Gâtinais ; mais la tourmente révolutionnaire de la fin du xviiie siècle retarda les recherches du savant et studieux abbé, et quand, après la tourmente, il voulut reprendre sa tâche, il constata qu'une quantité de manuscrits avaient été brûlés par la fureur populaire, ou livrés aux épiciers qui, n'en connaissant point l'importance, les avaient employés à envelopper leurs marchandises. Nous sommes donc réduits à de vagues conjectures sur l'existence de Vallery, jusque vers la dernière moitié du règne de Philippe-Auguste, c'est-à-dire jusqu'au commencement du xiiie siècle.

M. l'abbé Béreau donne pour étymologie au nom de Vallery les deux mots celtiques de *Wall* et *Ery* ou Eri. Wall, que les Romains avaient pris des Gaulois en lui gardant sa signification, veut dire défense, fortification (vallum) et Ery répond exactement au mot français village ou bourg. Peut-être faut-il conclure de cette dénomination que le Bourg de Vallery, avec son château fort pour défense, remonte jusqu'aux temps primitifs de la Gaule.

Un saint et également savant prêtre, M. Lallier, que j'ai connu pendant ma jeunesse sacerdotale, et qui fut pendant quelques années curé de Vallery, ensuite vicaire général,

(1) Propriété où naquit Mirabeau, Gabriel Honoré de Riquetti, le 9 mars 1749, entre Sens et Nemours.

et enfin chanoine titulaire de la Métropole, ne remontait pas si haut pour découvrir l'étymologie du nom de Vallery. Trouvant sans doute que la vallée dans laquelle est situé le susdit bourg a quelque chose de gracieux et de poétique, il pensa que son nom venait des deux mots latins *Vallis ridens* (Val riant). M. Lallier, qui était plutôt un littérateur qu'un archéologue, n'est peut-être pas, malgré cela, loin de la vérité. Nous inclinons à donner raison à l'un et à l'autre de ces deux étymologistes, en ce sens que Vallery a pu être autrefois, sous la tutelle de son vieux château fort, un lieu de sûreté pour ses habitants, tandis qu'il n'est plus aujourd'hui qu'un riant village dont les habitations s'élevèrent dans le val sillonné par la petite rivière Orvanne qui, sortie du territoire de Saint-Valérien (*à 7 ou 8 kilomètres en amont*), s'en va, docile, entre ses bords ombragés de peupliers et d'aulnes, porter le tribut de ses eaux limpides au Loing (1) qu'elle rencontre près de Moret (Seine-et-Marne).

II. — JEHAN ET ERARD DE VALLERY

Quoiqu'il en soit de l'origine plus ou moins ancienne du nom de Vallery, il n'en est question historiquement, que nous sachions, pour la première fois, qu'en 1218 à 1230 dans le cartulaire de Champagne de la Chambre des comptes, qui se trouve aujourd'hui aux Archives Nationales. On y fait mention de Huon de Vallery qui eut d'Ode son épouse, Jehan de Vallery et Hugues de Vallery. Jehan épousa Clémence de Fourens, veuve de Guillaume de Vergy, Sire de Mirebeau et fut père de Jehan de Vallery, deuxième du nom et de Erard de Vallery, deux illustres chevaliers de la

(1) Loing, rivière non navigable, affluent de la Seine, à Moret.

Croisade de Saint-Louis où ils se firent remarquer par leur habileté et leur bravoure.

L'aîné, au dire du sénéchal de Joinville, qui l'appelle *Monseigneur Jehan de Vallery*, était renommé par sa sagesse et son expérience. Le Roi le consultait souvent et prisait très fort ses conseils. Après la première expédition de Saint Louis, qui, comme on sait, fut assez malheureuse, Erard, frère cadet de Jehan, demeura encore quelque temps en Palestine. Il s'y rendit fameux par ses exploits aventureux et enfin se détermina à repasser en Europe. S'étant embarqué dans ce dessein, il fut surpris par une violente tempête qui le jeta sur les côtes de Sicile. Il y trouva Charles d'Anjou, frère de Saint Louis, à la tête de ses troupes, prêt à en venir aux mains avec celles de son compétiteur Conradin jusquelà victorieux. Le courage et les habiles manœuvres d'Erard assurèrent le succès à Charles d'Anjou ; aussi fut-il créé par Saint Louis, chambrier de France (1) et connétable de Champagne. Il fut de la seconde Croisade, et après la mort de Saint Louis, quand Philippe-le-Hardy, lui-même, dévoré par la fièvre, voulut pourvoir à la Régence du royaume, le Sire Erard de Vallery fut un des quatre chevaliers qui furent désignés pour conseillers du régent.

III. — PUISSANCE DE LA SEIGNEURIE DE VALLERY

Des titres authentiques démontrent que la Seigneurie de Vallery était une des plus puissantes du Comté de Sens dont elle relevait. Elle est qualifiée dans les anciens parchemins, de « terre, seigneurie, comté et chatellenie de Val-

---

(2) Chambrier, en latin *Camerarius*. Un des grands officiers de la couronne, chargé de la garde de la chambre du Roi et du trésor royal. Il signait les chartes et diplômes royaux et tenait rang avant le connétable.

lery ». Elle avait droit de haute, moyenne et basse justice, et comptait au nombre de ses mouvances (dépendances) directes trente-deux fiefs (domaines), nobles qui lui devaient foi, hommage et services militaires. Ces fiefs qui relevaient de la terre de Vallery, sont désignés comme suit dans un acte de vente de cette terre.

« Quant aux mouvances nobles de la dite terre, elles
« consistent notamment dans les fiefs, terres et seigneurie
« de Villethierry et Brannay ; dans les fiefs, terres et sei-
« gneuries de Hongrie-la-Berlauche et fief Dame-Cane
« situé en la paroisse de Villeneuve-la-Dondagre tenus par
« le doyen et chapitre de Sens envers la dite terre, seigneu-
« rie et chatellenie de Vallery à une seule foi et hommage,
« lesquels fiefs ont été amortis par le Roi, au moyen du quel
« amortissement, les dits doyen et chapitre de Sens sont
« *remis* (dispensés) de bailler homme vivant ou mourant.

« Le fief de Cornant et dépendances d'icelui, consistant
« en un arrière-fief appelé Mardelin (sur la paroisse de Chau-
« mot). (Cornant est une petite commune près de Sens).

« Le fief d'Heurtebise et Bapaume et dépendances (2 ha-
« meaux de la commune de Dollot ; moitié du second fait
« partie de Vallery).

« Le fief de Barbery-Saint-Supplix-les-Troyes et dépen-
« dances consistant notamment dans un arrière-fief appelé
« la terre et seigneurie de Prully.

« Le fief de Chevry-en-Sereine au pays de Gâtinais et ses
« dépendances, consistant notamment en plusieurs arrière-
« fiefs.

« Le fief de La Motte-des-Prés (près Charny) et ses dé-
« pendances.

« Le fief de La Brosse assis derrière Doulot (Dollot), atte-
« nant à la terre de Verteron (Vertron).

« Un fief assis à Saint-Agnien-les-Vallery (Saint-Agnan).

« Le fief de la Chapelle-sur-Oreuse et ses dépendances.

« Un fief assis à Doumat (Domat) appelé anciennement
« le fief du Moulin de Garisy et ses dépendances.

« Le fief et la terre de Nouville-les-Nemours et dépen-
« dances.

« Le fief de Bleynes et Moulin et ses dépendances.

« Le fief de Villehuis et dépendances.

« Deux fiefs anciennement tenus par Pierre des Bar-
« res.

« Un autre fief tenu anciennement par Etienne Millon
« Descherey et dépendances.

« Un fief anciennement tenu par Pierre de Villebéon assis
près Saint-Valérien.

« Le fief anciennement tenu par Pierre Garisy, qui fai-
« sait partie de la terre et seigneurie de Monceau, Labrosse,
« Milly-les-Monceaux et dépendances.

« Un autre fief anciennement tenu par Demoiselle Isa-
« beau Demay, veuve de Guillaume de Garisy. Le fief an-
« ciennement tenu par Jehan Dasly et Jehan Saint-Marcel,
« et dépendances.

« Deux fiefs anciennement tenus par Jehan de Misy ou
« Milly.

« Le fief tenu anciennement par Simon Hubert et
« Champarts de Dian, et depuis tenu par Jacques Allegrin.

« Le fief anciennement tenu, par Etienne Condouist,
« appelé fief de la Boudardière, assis entre Dollot et Cour-
« tenoy.

« Un fief consistant en un moulin assis à Dian avec ses
« appartenances.

« Le fief, terre et seigneurie de Mont-Regnault (sur Mon-
« taché).

« Le fief, terre et seigneurie, avec les censives, ancienne-
« ment tenu par Guillaume de Fouchères à cause des terres
« assises depuis les Planches de Chéroy jusqu'au Vaux
« Robert.

« Le fief appelé Bois-Jolly, assis près de Saint-Agnien
« (Saint-Agnan).

« Deux fiefs anciennement tenus par Pierre Neuvilbon
« et généralement tous autres fiefs et arrière-fiefs qui peu-
« vent être mouvants et relevant de la dite terre, seigneurie,
« comté et chatellenie de Vallery, fiefs, appartenances et
« dépendances. »

IV. — LE VIEUX MANOIR DE VALLERY

Le manoir des puissants seigneurs de Vallery était adossé, regardant le midi et l'ouest, à une sorte de mamelon de forme elliptique, circonscrit d'un côté par la rivière d'Orvanne et de l'autre par le rû de Vauvert qui se rejoignent en un lieu nommé Bichot et enveloppent le dit mamelon de toutes parts, excepté de l'est par où il tient au plateau du Gâtinais. En remontant les deux vallées depuis leur point de jonction, et les deux cours d'eau, dont nous venons de parler, on rencontre des restes de chaussées transversales qui ne laissent aucun doute sur l'existence d'étangs de contenances diverses, échelonnés les uns au-dessus des autres tout le long de ces deux vallées. La forteresse seigneuriale, avec son parc emmuraillé s'étendant d'un val à l'autre, se trouvait donc dans une sorte de presqu'île dont elle surveillait et protégeait l'entrée. Avant l'invention de l'artillerie et même depuis, ce pouvait être une position stratégique avantageuse.

Cette forteresse se composait d'une vaste enceinte quadrilatérale entourée de fossés profonds et de hautes murailles flanquées de distance en distance de tours de divers âges et de formes différentes (onze de ces tours existaient encore au siècle dernier). L'époque de ces constructions est

assez incertaine. Elles paraissent remonter jusqu'au
xie et même au xe siècle. Une chaussée très haute et
très large, encore existante, soutenue de chaque côté par
de solides murs barrant la vallée comme un trait d'union
d'un versant à l'autre interceptait le cours de l'Orvanne
d'où résultait un immense étang capable de fournir aux
fossés ci-dessus mentionnés la quantité d'eau nécessaire
pour les remplir. Cette même chaussée en même temps
qu'elle arrêtait les eaux de la rivière offrait sur son sommet
une sorte de route par où l'on pouvait arriver au pont-levis
destiné à faciliter l'entrée officielle dans l'enceinte fortifiée.
Cette entrée consistait en un passage sous une majestueuse
voûte dont les poussées de droite et de gauche *étaient, et
nous pouvons dire, sont* appuyées contre de grosses tours,
car cette entrée existe encore avec son aspect vraiment
imposant. Mais plus n'est besoin d'un pont-levis, les fossés
ont été comblés en cet endroit comme en plusieurs autres.

V. — LE MARÉCHAL DE SAINT-ANDRÉ ET LE NOUVEAU CHATEAU DE VALLERY

Il est très probable, fait observer M. Challe (Annuaire
de l'Yonne, 1842), qu'avec son enceinte assez spacieuse pour
contenir, dit-on, de quatre à cinq mille guerriers, avec sa
forte ceinture de murailles, de tours et de fossés, et ses défenses naturelles, le vieux château de Vallery a dû être
mêlé aux vicissitudes de guerres, de sièges, de prises et
d'incendies qui composent l'histoire de la plupart des châteaux du Moyen-Age. Mais les chroniques n'en disent rien.
L'histoire ne fait mention de ce domaine que sous le règne
de Henri II (1547) quand il devint la propriété du fastueux
Maréchal de Saint-André, et encore rien n'indique par quelle

voie celui-ci en fut mis en possession ; si ce fut par succession, par acquisition, par donation du roi, ou autrement.

En 1551, Messire Jacques de Poisieux figure dans le procès-verbal de la rédaction de la coutume de Lorris, en qualité de Seigneur de Vallery ; puis... quatre ans plus tard, en 1555, quand on rédigea la coutume de Sens, la Seigneurie de Vallery s'y trouva représentée par le Maréchal de Saint-André.

Jacques d'Albon de Saint-André était le second fils d'un vieux gentilhomme du Dauphiné que François Ier donna pour gouverneur à son fils futur héritier de la couronne de France. Né la même année que ce jeune prince, Jacques d'Albon en partagea les jeux et l'éducation. « Il était fort beau, dit Brantôme, et de bonne grâce, la parole belle et l'esprit gentil et bon jugement et bonne cervelle. » Le Dauphin étant arrivé au trône après la mort du Roi son père, sous le nom de Henri II, conserva toujours un profond attachement pour son ami d'enfance, il le combla d'honneurs et de richesses, en un mot il en fit son favori. La devise du maréchal de Saint-André était : *Nodos virtute resolvo*. Il faut sans doute traduire *virtute* par courage, et non autrement, dit M. Challe, car au dire des mémoires contemporains, ce Seigneur ne brillait point par la vertu, mais il ne manquait point de bravoure. Brantôme, assez indulgent pour les faiblesses des grands seigneurs, dit que le Maréchal de Saint-André « se montra un vrai Lucullus (1) en luxe, bombances et magnificences. »

Le vieux château féodal des Sires de Vallery ne pouvait convenir aux habitudes luxueuses du favori de Henri II. Il résolut donc de se faire construire une habitation plus somptueuse. Selon une tradition qui a tout le caractère de la

---

(1) Lucullus, général et consul romain célèbre par sa richesse et son amour de la bonne chère, 109 à 57 avant J.-C.

VALLERY — Le Vieux Château

vraisemblance, c'est au prince de l'architecture nouvelle, à Philibert Delorme (1) qu'il confia le soin d'exécuter son projet comme pour établir un magnifique contraste entre l'aspect lourd et sévère du manoir antique, et l'élégance du nouvel édifice. Celui-ci fut installé et comme enchassé dans les flancs de l'ancienne forteresse, demeurée à peu près intacte. Un corps de bâtiments tournant le dos au midi réunit le pont-levis à un superbe pavillon carré placé à l'angle où venait aboutir un autre corps de bâtiment adossé au couchant. Une galerie de rez-de-chaussée, décorée de cinq obélisques, courant parallèlement à l'aile tournée au midi, partait à angle droit de l'extrémité nord de l'aile tournée au couchant, et se continuait par une suite de galeries d'une certaine longueur, le tout formant une cour d'honneur à peu près carrée, complètement ouverte au levant du côté de l'enceinte de l'ancien château. Les galeries n'étaient que provisoires, et occupaient la place qu'occuperaient plus tard d'autres constructions, si le plan de l'architecte devait être un jour entièrement réalisé.

Les angles et le pourtour des fenêtres, en belles pierres de taille vermicellées ressortaient sur le reste des murs revêtus de briques apparentes. Il y eut un entre-sol et un premier étage. Au-dessus de ce premier étage, des lucarnes, dont les pierres étaient enjolivées de sculptures, ajourant de distance en distance la toiture élancée et à pentes rapides, annonçaient qu'il y avait encore dans les combles de nombreux appartements, en mansardes. En amont du côté du nord, s'étendait le parc, avec ses ombrages séculaires, sur un espace de plus de deux cents arpents environnés de murs. La vue du côté de la vallée était bornée par un horizon assez restreint, couronné de bois dans les hauteurs et pou-

---

(1) Delorme Philibert, habile architecte qui construisit les Tuileries, 1518-1577.

vait en se rapprochant s'arrêter sur les habitations du village, sur les jardins et parterres, et sur le vaste étang dont nous avons parlé ci-dessus (1).

Le château de Vallery, avec ses superbes dépendances, s'était transformé en une résidence vraiment princière, et Saint-André voulut que l'intérieur répondît à l'extérieur. Il l'orna de tapisseries recherchées, de tableaux précieux, et de meubles somptueux en tout genre. « Pour les superbetez
« et belles parures de beaux meubles très rares et très exquis
« il en a surpassé même les rois, dit Brantôme, ainsi que l'on
« a veu longtemps paroistre en aucunes de ses maisons
« et principalement à Vallery, l'une des belles et plaisantes
« de France, et après sa mort qu'on les a veu vendre à Pa-
« ris, aux encans, desquels on n'en put jamais quasi voir
« la fin, tant ils durèrent. Entre autres il y avait une tente
« de tapisserie de la bataille (représentant la bataille) de
« Pharsale qui peut quasi parangonner à l'une de ces deux
« belles tentes du roi François que j'ai dit ailleurs, qui es-
« toient hors de prix. Il avait aussi deux tapis velus tout
« d'or, *Persiens*. Bref, qui voyait de ce temps-là, Vallery
« meublé, n'en pouvoit assez estimer, ni en priser les ri-
« chesses. »

VI. — LE MARÉCHAL DE SAINT-ANDRÉ, RUINÉ, DISGRACIÉ, MEURT EN BRAVE

La construction de cette magnifique habitation seigneuriale et ses ameublements splendides avaient coûté de grosses sommes, et chaque jour, nécessitaient des soins

---

(1) On peut juger de la dimension de cet étang, par ce fait qu'en 1626, sa digue s'étant rompue, on n'estima pas à moins de 200 000 livres la dévastation que ses eaux causèrent dans la contrée d'au-dessous (Gallia-Christiana).

dispendieux. Tant que le châtelain de Vallery put puiser dans la bourse du Roi son ami, tout allait bien ; il équilibrait son budget ; mais une fois le Roi mort (1) se trouvant réduit à ses propres ressources, et ne voulant rien rabattre de son train de maison, il fit des dettes, eut recours à des emprunts ruineux, pressura pour remplir sa caisse vide les populations du Lyonnais dont il était le gouverneur, et malgré tout ne réussit point à se mettre à l'abri de poursuites judiciaires fort désagréables de la part de ses créanciers.

Cette pénurie financière à laquelle il était réduit n'empêcha point qu'il ne fût accusé de dilapidation du trésor public durant le règne de Henri II. Il est vrai que les guerres et le luxe de la cour de François Ier et de Henri II, lui-même, auraient suffi pour motiver l'épuisement de ce trésor. Néanmoins, l'opinion publique en faisait aussi peser la responsabilité sur les largesses excessives accordées à quelques seigneurs de la cour. Or, le maréchal de Saint-André était un de ces seigneurs. Aussi les Etats-Généraux de 1560, contrôlant les dépenses des règnes précédents, le désignèrent nominativement dans une délibération du 15 mars en ces termes : « M. le maréchal de Saint-André ne sera plus du conseil et rendra compte des dons excessifs qu'il a eus du feu Roi Henri II et paiera le reliquat. » La dernière partie de cette décision resta sans doute lettre morte; car selon toutes les apparences, celui qu'elle concernait étant ruiné, là où il n'y a plus rien, le Roi lui-même, dit un vieux proverbe, perd ses droits.

La réputation du maréchal de Saint-André est très attaquée par les écrivains de son époque; M. Challe, dans sa notice sur Vallery (1842, Annuaire de l'Yonne), reproduit volontiers leurs accusations. Il juge même et cela, selon

(1) Henri II, blessé mortellement dans un tournoi par Montgommery (1559).

moi, assez hors de propos, d'y rappeler le Massacre de Vassy. Il n'a surtout garde d'oublier celui de Sens, insinuant que le cardinal de Lorraine archevêque de Sens, un de Guise, et le maréchal de Saint-André, voisin de Sens par sa propriété de Vallery, pourraient bien ne pas y être étrangers. A quoi bon ces rengaînes sur des faits malheureux, résultats spontanés d'effervescences populaires, souvent impossibles à contenir. En vérité, M. le président de la Société des Sciences de l'Yonne nous semble, avec sa phraséologie à effet et le choix de ses citations, beaucoup plus préoccupé de s'acquérir un renom de libéralisme anticatholique que de composer une histoire impartiale, en considérant les milieux où se passent les événements et en confrontant les témoignages divers qui les relatent de diverses manières.

Les catholiques, depuis des siècles, étaient en possession de leur foi et de leur culte. Pourquoi des prédicants, soi-disant réformateurs, s'opiniâtrent-ils, tout en prônant le principe du libre examen, à les troubler dans cette possession séculaire ? Que veulent-ils réformer ? Le dogme ? Mais où sont les preuves de leur mission providentielle? Les mœurs ? mais on connaît les désordres de leurs chefs. D'ailleurs, leur grand principe de *libre examen* leur ôte tout droit d'*insistance*. Ce qu'ils veulent ? on ne le sait que trop. C'est s'emparer des riches objets servant au culte catholique, traité par eux d'idolâtrie, de s'approprier les Eglises et d'y établir leurs prêches (1). Les moyens violents dont ils usent pour en arriver à leurs fins provoquent naturellement les catholiques à les prévenir ou à les repousser par la force, ne pouvant guère s'en préserver autrement.

(1) M. Challe qui semble pencher en faveur des protestants, nommés alors en France Huguenots, devait bien savoir, lui, Auxerrois, comment ces mécréants, profitant de ce que la population d'Auxerre était en grande partie occupée aux vendanges, le 27 septembre 1567, envahirent tout à coup les diverses églises d'Auxerre, y massacrant les objets d'art, y profanant et même brûlant les restes vénérés des Saints, emportant les vases

Le massacre de Vassy, d'après La Popelinière, écrivain protestant, « ne fut qu'une rencontre fortuite » à l'occasion de laquelle, selon de Thou, historien assez impartial, les Huguenots commencèrent les hostilités, ou autrement provoquèrent les catholiques.

Quant au drame sanglant de Sens ce ne fut qu'une explosion de colères contenues pendant plusieurs semaines. Un Sénonais, du nom de Balthazar Taveau, témoin oculaire, reconnu de tous les partis pour sa piété sincère et son intégrité, raconte comment les choses se passèrent. C'était le soir du dimanche du Bon Pasteur, 12 avril 1562. « Le peuple irrité de l'orgueil et hautesse desdits hérétiques ; des outrages, injures et excès qu'ils avaient faits à plusieurs habitants durant les presches d'un caresme, ce mit en fureur qui dura jusqu'au mardi. » La foule se porta vers *la Grange* qui servait *aux presches* avec le dessein évident de la démolir. Les Huguenots s'armèrent pour la résistance. Un d'eux, le nommé Mombaut, tua un vigneron. Ce fut le signal de représailles qui coûtèrent la vie à onze hérétiques. Une douzaine d'hommes morts, c'est bien trop assurément : toutefois nous voilà loin du nombre incalculable de victimes, comme le font supposer les déclamations vagues, extraites à plaisir par M. Challe de certaines compositions pamphlétaires de l'époque. L'archevêque de Sens ni le Maréchal de Saint-André n'y furent absolument pour rien.

La conjuration d'Amboise, déjouée par le duc de Guise, avait révélé le but des chefs des Huguenots. Ils ne visaient à rien moins qu'à s'emparer de la personne du Roi qui en ce moment était François II (lequel ne régna que 17 mois) et

---

précieux et les reliquaires et entre autres la châsse de Saint-Germain d'une valeur telle, qu'elle avait pu servir de nantissement aux Anglais, pour s'assurer la rançon du Roi Jean-le-Bon fait prisonnier à la bataille de Poitiers, 1356. M. Challe oserait-il blâmer les Auxerrois d'avoir, quelque temps après, sévèrement châtié les pillards ?

qui sait ce qui fut advenu s'ils eussent réussi ? Vers la fin de mars 1562 une nouvelle tentative d'enlèvement, mieux préparée que la première, allait être mise à exécution. La reine-mère Catherine de Médicis avec son second fils, Charles IX, âgé seulement de 12 ans, séjournait à Fontainebleau, ville ouverte et château sans défenses sérieuses. Avertis à temps, la mère et le fils rentrèrent dans Paris le 3 avril. Les chefs huguenots voyant encore une fois leur coup manqué, levèrent des troupes, demandèrent des secours à l'Angleterre, à laquelle en compensation, ils livrèrent la ville de Calais, s'adressèrent aussi aux luthériens d'Allemagne, si bien que vers la fin de l'année 1562, ils avaient une armée assez nombreuse pour attaquer en rasecampagne l'armée royale commandée par le connétable Anne de Montmorency, le duc François de Guise et le Maréchal de Saint-André. Celui-ci, quoique disgrâcié par la Cour, n'avait pas hésité à mettre son épée au service de la cause du Roi qui était aussi celle de la Religion catholique et de l'unité nationale. La rencontre des deux armées eut lieu le 19 décembre, près de Dreux ; les rebelles y furent défaits, mais le maréchal y trouva une mort tragique. Voici comment Brantôme la raconte dans ses mémoires : « Le matin, avant
« la bataille, Saint-André vint trouver M. de Guyse, qu'il
« n'était pas encore jour, et y entrant, il demanda au jeune
« Tranchelion qui en sortait ce que M. de Guyse faisoit. Il
« lui dit qu'il venoit d'ouyr la messe, et de faire ses Pasques
« et qu'il vouloit déjeuner pour monter à cheval. Ah Dieu,
« ce dit-il (car je l'ouys et y estois), je suis bien malheureux
« que je n'en aye autant faict et ne me soit mieux préparé,
« car le cœur me dit que j'aurai aujourd'hui je ne sais quoi.
« Ce jour-là il fit tout ce qu'un grand capitaine pouvoit, fust
« à combattre, fust d'aller de ça et de là à commander
« où il falloit. Mais le soir venu, ayant eschappé de
« grand hasard de tout le jour, et qu'on pensoit tout gagné,

« parut une troupe de cinq cents chevaux des vaincus qui
« s'étaient ralliés, qui vinrent à nous pour retenter la for-
« tune et le hasard d'un nouveau et second combat.
« M. le maréchal les voulant aller recevoir avec M. de Guyse,
« et faisant avec diligence chercher son second cheval de
« bataille, parce que le sien premier, il l'avait si fort pro-
« mené, lassé et harassé tout le jour qu'il n'en pouvoit plus.
« Mais ne le trouvant point, et s'aydant du premier, il
« alla très hardiment au combat, et lui faillant au besoin,
« tous deux tombèrent par terre, sans se pouvoir relever.
« Sur ce il fut pris par un gentilhomme huguenot, qui
« l'ayant monté en croupe derrière lui, vint un qui s'appeloit
« Aubigny (1) à qui M. le maréchal avait autrefois fait
« déplaisir, voire, dit-on, jouissoit de son bien par confisca-
« tion qui le reconnut et lui donna un coup de pistolet par
« la teste dont il tomba mort par terre. » Sans doute, nous
ne prétendons pas excuser le châtelain de Vallery de tous
ses torts, mais nous croyons qu'il est à propos de faire remarquer à son avantage, que, dans la bonne, comme dans
la mauvaise fortune, il demeura fidèle à ses convictions politiques et religieuses, pour la défense desquelles il n'hésite
pas à risquer sa vie.

---

(1) M. Challe cite tout au long, d'après l'historien de Thou, la querelle qui avait eu lieu autrefois, entre Aubigny (que de Thou appelle
Perdrier de Baubigny) et de Saint-André. En supposant que ce dernier
ait eu tous les torts, cela ne justifie nullement le meurtre d'un ennemi
prisonnier et désarmé ; cela se nomme une lâcheté... 2° Louis Ier de Condé,
qui devint châtelain de Vallery, était frère d'Antoine de Bourbon, un
des descendants de saint Louis et conséquemment oncle de Henri IV.

VII. — LOUIS Ier DE CONDÉ DEVIENT SEIGNEUR DE VALLERY, SA FIN TRAGIQUE

Après la mort du maréchal, sa veuve, Marguerite de Lustrac, hérita de la chatellenie de Vallery. La paix fut momentanément rétablie entre les partis belligérants. La Reine en profite pour attirer à la cour les gentilshommes protestants. Elle se propose ou de les gagner par des marques de bienveillance à la cause royale, ou d'énerver leur courage et occuper leurs caractères remuants dans une existence de fêtes et de plaisirs. Parmi les jeunes seigneurs qui répondirent aux avances de la reine était le prince Louis Ier de Condé. Malgré sa naissance illustre, c'était un des seigneurs les plus pauvres de France. « Il n'avait, dit un historien, autre bien que le comté de Soissons qui ne valait pas mille écus de rente et quelques autres petites terres tant du comté de Meaux que dans le Perche. »

L'entourage de la reine n'était composé que de filles d'honneur, prises dans la haute noblesse du royaume et toutes resplendissantes de jeunesse et de beauté. Au premier rang de ces grandes dames et demoiselles se trouvait Marguerite de Lustrac, veuve du maréchal de Saint-André. Elle s'éprit d'une vive passion pour le prince Louis de Condé. Il était beau de figure, enjoué d'esprit, avec une certaine courbure de l'épine dorsale, qui, selon la tradition, n'avait rien de désagréable. Marguerite avait des rivales. Elle espéra le vaincre par des preuves non équivoques de son inclination. Pour lui plaire, elle quitta l'Eglise dont son mari avait été l'appui, se fit protestante ; ensuite, elle lui fit don, en toute propriété, de son domaine de Vallery. Eléonore de Roye, première femme de Louis de Condé, fille d'une sœur du connétable de Montmorency, était alors mourante. Marguerite prévoyait et espérait que le prince devenu veuf, l'élèverait à la dignité de princesse du sang royal en l'épousant. Mais ses prétentions furent cruellement trompées. Le volage amant accepta le don, en profita et dédaigna la donatrice.

L'inaction ne faisait pas le compte des gentilshommes huguenots, au fond plus ambitieux que zélés pour leurs croyances. Quand on leur parlait du Roi, ils avaient l'habitude de dire : « Quel roi ? Celui que vous dites est un petit (1) royot. Nous lui donnerons des verges et lui baillerons un métier pour lui faire apprendre à gagner sa vie comme les autres ». (*Hist. de Fr.*, Duruy). Sous une apparence d'idées religieuses, il n'y avait en eux autre chose que des idées révolutionnaires. A l'occasion de la conspiration dite *tumulte* d'Amboise où les agitateurs avaient voulu prendre le roi (alors François II), le prince Louis de Condé fut emprisonné comme chef réel des conjurés. Il trouva moyen de sortir de ce mauvais pas. Bientôt après, il se mit à la tête d'une nouvelle prise d'armes qui débuta par le sac d'Auxerre, d'Orléans, de Soissons, et d'une cinquantaine d'autres places fortes. Dans leurs succès, les Huguenots ne se faisaient pas faute de tuer, de dévaster, de profaner les tombeaux, de briser les statues, d'enlever les vases sacrés et les châsses précieuses. Que de chefs-d'œuvre périrent alors comme plus tard à l'époque néfaste de 1793. Le prince huguenot, comme on l'appelait alors, n'avait pas honte de recourir aux Anglais et aux Allemands pour en obtenir de

---

(1) Charles IX, né en 1550, était monté sur le trône en 1560, après la mort de son frère François II ; il régnait sous la tutelle de sa mère la reine Catherine de Médicis.

l'argent et des soldats, leur cédant ou leur promettant en récompense les places fortes ou les territoires qu'ils convoitaient sur le sol français. En vérité, il eût pu faire un meilleur usage de ses capacités militaires et de la bravoure dont il était doué.

La veille de la bataille de Jarnac (Charente), 12 mai 1569, il avait été blessé au bras dans une escarmouche. Le lendemain, apprenant que son armée menée au combat par Coligny (1) se débandait devant l'ennemi qui n'était autre que l'armée royale commandée par le duc d'Anjou, frère du Roi (plus tard Henri III), il accourut avec un corps de cavaliers pour essayer de ressaisir la victoire. Comme il rangeait ses hommes, il reçut un coup de pied de cheval qui lui cassa la jambe. Malgré cette blessure douloureuse, il se mit à charger à la tête de ses gens avec une telle impétuosité qu'il pénétra au milieu des rangs ennemis ; son cheval fut tué et entraîna le cavalier dans sa chute. Autour de lui et même sur lui tombèrent un certain nombre de cavaliers qui avaient fait les derniers efforts pour le tirer de danger ou pour le couvrir de leurs corps. Le prince tendait son gantelet en signe de reddition à un gentilhomme quand le capitaine des gardes du duc d'Anjou le reconnut et lui tira un coup de pistolet à bout portant dans la tête. Cette sorte d'assassinat a rendu tristement célèbre le capitaine des gardes, qui était un de Montesquiou. Le duc de Longueville, beau-frère de Louis de Condé, fit inhumer le corps de son parent à Vendôme, d'où par la suite il fut transporté à Vallery.

Cette localité n'avait eu que rarement l'honneur de la visite du prince pendant les six ans à peu près qu'il en fut le châtelain. A peine y passait-il quelques semaines dans l'in-

---

(1) Gaspard de Coligny, amiral de France, l'un des chefs du parti Huguenot, tué à la Saint-Barthélemy, fin août 1572.

tervalle des prises d'armes. L'amiral de Coligny, les de Chatillon venaient l'y rejoindre. Alors que de projets subversifs de l'Eglise catholique et de la Royauté étaient mis en discussion sous les tranquilles ombrages du parc, ou dans le superbe salon à lambris dorés que le papiste de Saint-André avait si luxueusement aménagés. L'édifice qui servait aux paroissiens de Vallery pour l'exercice de leur culte ne se trouva pas bien de leur voisinage ; il dut disparaître comme nous le mentionnerons plus loin.

Voici sur le prince Louis Ier de Condé, deux jugements de deux écrivains dont l'un son contemporain et l'autre un académicien de notre époque. « Je l'ai cogneu, dit Montluc (1), toujours fort débonnaire. La jalousie de la grandeur d'aultrui l'a perdu et si en a perdu bien d'autres. Cependant il est mort au combat soustenant une mauvaise querelle devant Dieu et les hommes ; et c'estoit dommage, car s'il eut été employé ailleurs, il pouvoit servir la France. »

« Il fut dissolu et scandaleux dans ses mœurs, écrit M. le duc d'Aumale (2) (tome 2 page 79). Il agita sa patrie dont il ouvrit les portes à l'étranger ; il combattit contre le Roi, et il eut le malheur de quitter la religion de ses pères ; nous ne prétendons pas le justifier, mais nous dirons que dans ses vices et dans ses fautes, comme dans ses vertus et ses belles actions, il fut beaucoup de son temps et de son pays. »

---

(1) Montluc, célèbre capitaine, qui a écrit ses mémoires, 1502-1577.

(2) Aumale (Henri duc d'), quatrième fils du roi Louis-Philippe, 1822-1897. Muni des documents nécessaires, il a écrit une histoire des Condé, fort appréciée.

VIII. — HENRI Ier DE CONDÉ
NÉGLIGE SON DOMAINE DE VALLERY
SON GENRE DE MORT

Louis Ier de Condé (1) laissait six fils, trois d'un premier mariage et trois d'un second. Henri Ier de Condé avait dix-sept ans à la mort de son père. Il était né le 29 décembre 1552. Tandis que ses frères étaient, comme disaient les huguenots « nourris à la romaine » sous la tutelle de leur oncle le cardinal de Bourbon, lui était demeuré sous la direction de la reine de Navarre, Jeanne d'Albret, huguenote fervente.

Cette princesse en prit soin comme de son fils Henri de Béarn. Les deux Henri n'avaient qu'un train de maison ; leur vie était commune ; les honneurs qui leur étaient rendus parfaitement égaux. Tous deux furent imbus dès leur enfance de la doctrine protestante. Tous deux furent chefs des réformés. Mais Henri de Condé n'eut que le second rôle. Il fut effacé par Henri de Béarn, roi de Navarre. Ses rapports avec Vallery furent à peu près nuls. Il n'en fut guère châtelain que pour toucher les revenus de cette propriété devenue sienne. Il voyagea en Suisse, en Allemagne, en Angleterre, raccolant des soldats pour le parti huguenot. En dédommagement des secours qu'il en pouvait obtenir, il promettait à la reine Elisabeth d'Angleterre, le rétablissement de son pouvoir en Normandie, au palatin du Rhin les

---

(1) Louis Ier de Condé était le septième fils de Charles de Bourbon, duc de Vendôme, lequel descendait en ligne directe de Robert de Clermont, sixième fils du Roi saint Louis.

trois évéchés (Toul, Metz et Verdun). Ces promesses n'eurent point leur effet, mais au point de vue du patriotisme, c'est odieux et cela nous fait sentir à quel degré d'égarement peut conduire l'esprit de parti doublé du fanatisme de sectaire.

M. Challe, dans sa notice, à laquelle nous revenons souvent, croit devoir accorder l'hommage de son admiration à la cause que soutiennent les deux premiers Condé et à « ces indomptables armées de huguenots qu'aucune défaite ne pouvait abattre ». Par contre, il décoche en passant un trait de critique à l'école historique moderne, qui a voulu réduire aux proportions mesquines d'une faction d'ambitieux, ces guerres civiles, qui, sous prétexte de religion, ont semé pendant trente quatre ans, sur tous les points de la France, la dévastation et la mort. Et naturellement, pour confondre cette école malavisée, arrivent les expressions solennelles de « *liberté de conscience* ».

Mais les faits étudiés dans leurs détails et dans leur ensemble prouvent que la dite liberté de conscience était le moindre souci de tous ces gentilshommes plus huguenots en apparence qu'en conviction. En Angleterre, en Allemagne, en Suède, après chaque lutte ardente contre les enseignements de l'Eglise romaine, lutte dans laquelle le même genre de révoltés eut le dessus, ceux-ci n'ont-ils point imposé de force leurs opinions d'invention nouvelle à ceux qui n'auraient pas demandé mieux que de rester catholiques. Henri IV s'étant engagé à maintenir la religion catholique jusqu'à ce qu'un Concile national eût réglé la question, plusieurs seigneurs abandonnèrent son parti. La Trémoille et neuf bataillons protestants refusèrent de servir un souverain qui protégeait l'idolâtrie ; l'armée du Béarnais diminua de moitié quand on vit que ce qu'il promettait, c'était la *liberté de conscience*. Un prédicateur, le 8 avril 1595, disait du haut de la chaire de l'église Saint-

Jacques-la-Boucherie devant un auditoire parisien : « *Il n'y a plus de religion parmi nous; c'est la cour du roi Pétaud où chacun veut être le maître ; il n'y a aucun de nos gouverneurs qui n'espère être roi, et c'est à qui emportera le morceau.* » Ces paroles étaient l'expression de l'opinion commune et par conséquent de la vérité historique (lire la *Satire Ménippée*). N'est-ce pas ce que nous constatons encore de nos jours dans un autre ordre d'idées et de choses, dans l'ordre politique notamment ?

Après cette digression, revenons au châtelain de Vallery, Henri Ier de Condé (1). D'une nature mélancolique et porté à la jalousie, ce prince ne fut pas heureux en mariage. Sa femme, la belle Marie de Clèves fut trop aimée du roi Henri III, vainqueur de Jarnac et de Moncontour, alors qu'il n'était encore que Mgr le duc d'Anjou. Condé en avait pris ombrage. Elle mourut en son absence le 30 octobre 1574 en donnant le jour à une fille, Catherine de Bourbon, marquise de l'Isle. Marié de nouveau à Charlotte de la Trémoille qui elle-même lui avait offert sa main et qui, pour lui plaire, avait passé, sinon à la religion, du moins au parti protestant (huguenot), il mourut le 5 mars 1588, des suites d'une blessure reçue à la bataille de Coutras, dit M. Challe, des suites du poison à lui administré par sa nouvelle femme, disent les chroniques et les correspondances de l'époque.

Cette mort eut lieu avec un accompagnement de circonstances qui préoccupa beaucoup les esprits sur la cause réelle de cet événement inattendu. Le prince s'était rendu à Saint-Jean-d'Angély, auprès de la princesse sa femme. Voici comment Henri de Béarn raconta la chose dans une lettre à Corisandre, son intime : « Jeudi, ayant couru la

---

(1) Nous empruntons à l'ouvrage de Mgr le duc d'Aumale, maints détails sur les premiers Condé.

« hague (1) il soupa se portant bien. A minuit lui print un vo-
« missement très violent qui lui dura jusqu'au matin. Tout
« le vendredi il demeura au lit. Le soir il soupa et ayant bien
« dormi, il se leva le samedi matin, dîna debout et puis
« joua aux échecs. Il se leva de sa chaise, se mit à promener
« par sa chambre devisant avec l'un, avec l'autre. Tout à
« coup, il dit : Baillez-moi ma chaise. Je sens une grande
« faiblesse et, soudain après il rendit l'âme ; les marques
« du poison sortirent soudain. » Le roi de Navarre, Henri de
Béarn, plus tard Henri IV, quittant Nérac (ville charentaise)
d'où il écrit cette lettre, pour aller faire ses condoléances à
la veuve de son cousin, et en même temps pourvoir à ce
qui concernait le décès, reçut chemin faisant de nouveaux
renseignements. Il en fait part à la même personne désignée
ci-dessus et conclut : « Je ne me trompe guère en mes juge-
«ments, c'est une dangereuse bête qu'une mauvaise femme.»

Tous les gens du prince furent arrêtés. Deux d'entre
eux avaient disparu : un page de 16 ans du nom de Belcastel
et un valet de chambre nommé Corbais. Un nommé Brillant que Charlotte de la Trémouille avait fait entrer depuis
peu à son service fut mis à la torture. Il fit des aveux importants qui chargeaient la princesse. Celle-ci fut saisie elle-
même et jetée en prison. L'opinion publique était contre
elle. Des commissaires spéciaux nommés par le Béarnais
poursuivirent activement leurs enquêtes. Mais la grossesse
de la veuve étant déclarée peu après, les poursuites furent
suspendues. L'affaire alla au Parlement de Paris. Les magistrats n'ayant d'autres preuves sérieuses que les aveux arrachés à Brillant par la torture, vu, d'autre part, l'incertitude
des médecins sur les symptômes d'empoisonnement, n'osèrent condamner Charlotte de la Trémouille. On a prétendu

---

(1) Jeu d'adresse consistant à enlever au galop d'un cheval, avec une lance ou une épée, des anneaux suspendus.

que grosse des œuvres du page Belcastel, et ne pouvant plus dissimuler son état, elle avait empoisonné son mari pour échapper à une juste vengeance. Or, rien ne venant établir la certitude de cette allégation, après sept ans d'une détention préventive, la veuve de Henri Ier de Condé fut déclarée innocente par une sentence du Parlement.

IX. — HENRI II DE BOURBON, SON ÉDUCATION. — SON MARIAGE L'AMÈNE A LA CHATELLENIE DE VALLERY DONT IL EST HÉRITIER

Henri de Béarn devenu roi de France, étant encore sans enfant, fit venir à la cour et élever en prince du sang le fils dont la princesse était accouchée en prison, le 1er septembre 1588, et qui déjà était dans sa huitième année. Il était en ce moment l'héritier présomptif de la couronne de France, si Henri n'eût point eu d'enfant mâle légitime. Il se nommait Henri comme son père. C'est Henri II de Condé dont la statue en marbre blanc est couchée sur un cénotaphe dans l'église de Vallery. Ses fréquents rapports avec cette paroisse dont il était le châtelain nous obligent à plus de détails biographiques sur sa personne.

Quand le jeune prince eut achevé ses études, et qu'il fut sorti de l'adolescence, le roi le retint habituellement auprès de sa personne, moins par amitié que pour le soustraire à d'autres influences. Henri IV mettait une application constante à enlever aux ambitieux tout moyen de renouer ensemble les débris des partis dispersés. La princesse douairière, Charlotte de la Trémouille, pour laquelle le Roi n'avait jamais eu de sympathie, fut toujours tenue à l'écart ; de sorte que Henri II de Condé passa les premières années de sa jeunesse inoccupé, essuyant de fréquents dégoûts ; sans amis, sans l'affection d'une mère et comme sans parents. La monotonie de son existence n'était interrompue que par les cérémonies où son rang l'appelait et par les fêtes de la cour.

Il était de taille moyenne, fortement constitué, d'une figure régulière, quoiqu'un peu maussade. Grâce à l'assiduité et à la persévérance de son savant et consciencieux précepteur Lefèvre, il avait acquis un fond d'instruction assez solide ; il savait assez bien la langue latine, la géographie, un peu de mathématiques. Il écrivait correctement le français, et le parlait avec facilité, quand il pouvait surmonter un certain embarras naturel ; mais il n'avait rien de ce qui pouvait le faire briller dans une cour où la galanterie était arrivée aux dernières limites de la licence. Il n'était pas riche ; il était timide et gauche ; cependant il avait de la fierté et du courage.

Vers l'an 1608 parut à la cour une jeune personne dont la beauté fut admirée de tous et particulièrement remarquée de Henri IV. C'était Charlotte Marguerite de Montmorency, la dernière fille du connétable (1). Elle avait alors quinze ans. Comme elle n'avait plus sa mère, elle était conduite par sa tante, Mme d'Angoulème. Le roi annonça qu'il voulait la marier à son neveu Henri de Condé. « Il n'a que vingt-deux ans, disait le roi à un de ses confidents ; il aime mieux la chasse que les femmes ; elle sera la consolation et l'entretien de la vieillesse où je vais entrer, et je ne veux d'autre grâce d'elle que son affection. » Condé était sans expérience, insouciant, peu clairvoyant encore ; il avait une certaine crainte du roi, et quand ce

---

(1) Connétable : commandant général des armées du XIIIe au XVIIe siècles.

dernier lui eût fait connaître sa volonté, il se soumit plus facilement qu'on ne l'avait espéré. Les fiançailles eurent lieu d'abord en décembre 1608. Le connétable donna cent mille écus à son gendre, et s'entendit avec son frère pour assurer à sa fille un mince revenu de cinq mille livres. Le roi accorda à son neveu une augmentation de pension et une gratification de cent cinquante mille livres. La fiancée reçut de Sa Majesté un magnifique présent de pierreries et de splendides habits de noces. La bénédiction nuptiale fut retardée de quelques mois parce qu'on attendait la dispense du pape ; il y avait sans doute parenté par suite d'alliances entre les Condé et les Montmorency. Les lettres de Rome arrivèrent au mois d'avril 1609, et le mariage fut célébré à Chantilly, chez le connétable, avec peu de frais, dit une correspondance particulière, mais avec bien de la gaîté (1).

Cette joie fut de courte durée. Le roi avait bien dit : qu'il ne demandait à la nouvelle princesse de Condé que de l'affection et des consolations pour sa vieillesse. Il était probablement sincère quand il parlait ainsi, mais il avait trop présumé de lui-même ; il oublia, comme il avait su le dire éloquemment, qu'il était roi et barbe grise ; la passion qui le troublait le fit manquer à son devoir vis-à-vis d'un prince de sa race, son proche parent, dont il aurait pu être le père, et la chose venant à éclater produisit un grand scandale. Condé ne pouvant plus se faire illusion (2) sur le danger que courait son honneur, déjoua par sa vigilance, le complot formé contre la vertu de sa femme, et après une scène où il laissa voir tout son mécontentement au Roi, dont

---

(1) Histoire des princes de Condé, par Mgr le duc d'Aumale, de l'Académie française.

(2) Condé... peu disposé, dit Pierre de l'Estoile, à supporter l'infortune commune. (Citation de Mgr le duc d'Aumale).

il provoqua la colère, il partit avec la princesse pour son château de Vallery, sans qu'il y fût mis obstacle. Cette fermeté de résistance, à laquelle Henri IV ne s'attendait pas, à l'irritation de la convoitise déçue, ajouta une blessure d'amour-propre. Lui, le roi ! se trouvait vaincu en quelque sorte par deux enfants !

Condé qui soupçonnait l'impression qu'avait dû produire son brusque départ de la cour ne crut pas devoir séjourner longtemps dans le même endroit. Il quitta bientôt Vallery pour Muret, une autre de ses terres avoisinant Soissons (en Picardie). Il y avait loin de Vallery à Muret. Maintes précautions furent prises dans ce voyage. Un enlèvement était possible, et était à craindre. Arrivé à Muret sans encombre, le prince, sous prétexte de chasse, change souvent de résidence. Sur ces entrefaites, il est mandé à la cour, pour assister aux couches de la Reine Marie de Médicis. Il s'y rend, mais seul. Assez malmené par Sa Majesté, il semble lui faire des concessions, et vouloir prendre congé pour aller chercher la princesse sa femme, mais quelques jours après, le Roi est informé que les jeunes époux sont partis pour la Flandre. Suivi seulement d'un de ses gentilshommes appelé d'Aloigny, marquis de Rochefort, qui avait été élevé avec lui, et ne l'avait jamais quitté, de Claude Enoch Virey, son secrétaire, homme de talent et d'énergie, de deux demoiselles et de trois domestiques, il parvint heureusement au but de son voyage, dans la région des Flandres, éloignée de Paris et gouvernée par les Archiducs d'Autriche sous la suzeraineté du Roi d'Espagne. Il espérait trouver là le calme et la sécurité auprès de son beau-frère, Philippe-Guillaume de Nassau, prince d'Orange, marié à Eléonore de Bourbon-Condé, sa sœur. Il se trompait. Henri IV n'était pas homme à lâcher si facilement une beauté qui l'avait fasciné. Eléonore de Nassau fut pour son frère d'un dévouement à toute épreuve; d'Aloigny et Virey mirent au service de leur maître toute leur habileté et leur énergie. Tous les serviteurs du prince firent leur devoir et grâce à ce concours de bonnes volontés, deux tentatives d'enlèvement échouèrent.

Mais le puissant roi de France alléguant l'hospitalité donnée à un rebelle, menaçait, rassemblait des troupes, faisait des armements inquiétants. Les gouvernants de la Flandre eurent peur. Alors, pour ne point compromettre plus longtemps ses hôtes, Condé, après avoir confié sa femme aux Archiducs, qui promirent de la garder, prit, déguisé, le 23 février 1610, la route de Milan, où il arriva le 31 mars. Il séjourna dans cette ville jusque vers la fin de mai sous la protection directe de Philippe III, roi d'Espagne. C'est là que vint le surprendre la nouvelle de la mort de Henri IV, frappé par la main criminelle de l'assassin Ravaillac. Le prince revient bientôt en France saluer la Régente Marie de Médicis, mère du roi enfant, Louis XIII, et l'assurer de sa soumission et de sa fidélité.

X. — HENRI II DE CONDÉ RESTAURE A VALLERY LE CULTE CATHOLIQUE

Pendant sa courte résidence au château de Vallery, alors qu'il y soustrayait sa femme aux obsessions du roi trop galant homme, Henri de Condé avait pu constater que ce beau domaine avait beaucoup souffert depuis cinquante ans de l'absence de ses propriétaires. Toutes les préoccupations de ceux-ci étaient tournées vers les affaires politico-religieuses et les guerres civiles. Le plus clair de leurs revenus y avait été absorbé. L'église paroissiale elle-même avait disparu dans la tourmente. Le prince huguenot l'avait fait détruire, en vertu, sans doute, de la *liberté de conscience*.

Cet édifice s'élevait à très peu de distance de l'enceinte fortifiée du vieux manoir, au sud-est, dans l'ouverture de l'angle formé d'un côté par les fossés et les murailles de la forteresse et de l'autre côté par la chaussée qui, traversant la vallée d'Orvanne et en arrêtant les eaux, venait aboutir au pont-levis. Suivant la tradition, Louis Ier de Condé voyait de ses fenêtres les fidèles qui se rendaient à l'office public les dimanches et fêtes et entendait les chants de cette liturgie catholique qui agaçait désagréablement les nerfs de tout zélé huguenot. Ce spectacle donc devait l'horripiler. C'est pourquoi il le supprima en supprimant lui-même l'endroit officiel de la réunion des catholiques. Le cimetière commun, de cette époque, était contigu à la maison de prières. Certaines fouilles, pour planter ou construire, en ont révélé des traces. Or le petit-fils du prince huguenot destructeur, sincèrement revenu à la religion de Saint-Louis, son glorieux ancêtre, comme en témoignent ses actes, tout en s'occupant à rendre convenablement habitable sa demeure seigneuriale, se hâte en même temps de procurer à la paroisse un édifice spécialement destiné à la célébration du culte selon le rite romain. Il fait bâtir à ses frais une église à mi-côte de la colline, penchée au midi, et dominant le village dont les habitations sont dans le val, à ses pieds, ou sur la côte en face. C'est l'église actuelle, moins les améliorations opérées depuis et dont nous parlerons en temps opportun.

Cet édifice, rapidement construit, où l'on a plutôt recherché la solidité que l'élégance du style religieux, a la forme d'une croix latine. La chapelle de la Sainte Vierge et la chapelle Saint-Louis qui occupent, l'une au nord et l'autre au sud les bras de la croix ont chacune une voûte fortement assise, en briques apparentes, avec arêtes vives au lieu d'arceaux à moulures se croisant au milieu. Sur l'unique nef s'étendent, en travers, des poutres ou *traicts* supportant des solives sur lesquelles sont appliquées des lattes recouvertes d'une couche de mortier blanc plus ou moins bien lissée. C'est simplement un plafond. Il se relève subitement en manière de voûte à pans légèrement courbes, reliés entre eux par des angles arrondis, au point de jonction de la nef et du chœur. Cette sorte de voûte couvre le chœur et le sanctuaire où est l'autel. Treize fenêtres plein-cintre, de dimensions proportionnées à l'ensemble, éclairent l'intérieur. Chaque chapelle en a deux. En dehors, dans le coin nord-est, formé par la jonction du mur de la chapelle de la Vierge et de celui du chœur est une petite tourelle renfermant un escalier pour monter dans les combles. Dans le coin opposé, c'est-à-dire formé par la jonction de la chapelle Saint-Louis avec le chœur est un minuscule accessoire carré servant de sacristie. Le tout est couvert en tuiles. Celles du toit de la nef sont épaisses et larges. Celles du toit du chœur sont plus légères. Le clocher, peu proéminent, est tout en charpente. On peut le voir encore sur l'église de Blennes (paroisse voisine) à laquelle il a été vendu lors de son remplacement par la superbe flèche dont aujourd'hui Vallery est fier. L'église dont nous venons d'esquisser la physionomie mesure environ quatre-vingt-dix pieds de long, sur trente de large. Elle est orientée au levant de septembre. Elle était achevée et livrée au culte dans la première moitié de l'année 1614 comme le prouve un acte authentique fait et passé au château de Vallery *le trente-unyesme jour de may de l'an mil six cent-quatorze*.

Dans cet acte rédigé et signé par Me Perou, notaire, il est écrit : « Monseigneur Henri de Bourbon-Condé, duc
« d'Enguin et premier prince du sang, en sa personne, a
« fondé en l'église paroissiale de Monsieur Saint-Thomas de
« Vallery, laquelle il a fait construire à neuf, une messe
« qui sera dite et célébrée par chacun jour de l'année à
« l'heure de sept du matin depuis le 1er jour du mois d'oc-

« tobre jusqu'au 1er jour d'avril, et depuis ce jour
« jusqu'au 1er octobre à l'heure de six heures du matin,
« et quand mon dit seigneur sera en ce lieu, à telle heure
« qu'il plaira à Son Excellence. Cette messe sera dite ou
« chantée. Cent-cinquante livres tournois à prendre sur le
« plus clair revenu de sa terre de Vallery sont affectées
« à ce service. Le chapelain ou célébrant touchera six vingt
« livres. Dix-huit livres sont destinées à ceux qui aideront
« à chanter la messe quand elle sera chantée, et les douze
« livres restant serviront à payer le luminaire, c'est-à-dire
« deux cierges d'abord sur l'autel, et une torche attenant
« du corps et du sang de Notre-Seigneur. Et s'il advient
« que mondit Seigneur vient à trépasser avant la renoncia-
« tion d'icelle, veut et entend que la dite fondation soit
« annuelle et perpétuelle. (1) »

Cette fondation est faite et passée en présence de *véné-rable* et *discrète personne* Gabriel Clément, prêtre-prieur curé de Vallery. Pierre Mauroux, *laboureur*, Jean Rousseau, concierge *à présent marguillier en charge de la dite église, noble et sentifique personne* (il faut lire scientifique ou sanctifique). Messire Jacques Le Michel, *prêtre, honorable homme,* Jehan Chapellot, *lieutenant au comté de Vallery*, Maître Laurent, *procureur de mondit Seigneur au bailliage et siège présidial de Sens*, Denis Collet, *Procureur fiscal au comté de Vallery, témoins souscrits à l'exception de Jean Rousseau qui a dit ne savoir signer.* »

Comme dans ces temps de foi on ne concevait guère la place des morts ailleurs qu'à l'ombre ou le plus près possible de la maison où s'offrait pour le repos de leurs âmes le saint sacrifice de la messe et les prières des survivants, un caveau fut disposé sous le sanctuaire de l'église pour la sépulture des défunts de la famille du prince, et un terrain contigu

(1) Archives de la mairie de Vallery.

au mur de l'église du côté du nord fut destiné à la sépulture commune des chrétiens de la paroisse. De nos jours, encore, on voit dans ce cimetière plusieurs tombes de défunts ayant vécu à l'époque de la construction de l'église et de l'inauguration du nouveau lieu de sépulture et, entre autres, celles de deux témoins qui ont signé la donation du Prince relatée ci-dessus.

Devant la croix de pierre (elle doit être de la même époque que l'église et le cimetière), qu'il est d'usage dans les paroisses catholiques d'élever au milieu du champ des morts, nous avons lu sur une étroite dalle carrée, enchâssée dans le large piédestal de la dite croix l'inscription suivante gravée en deux lignes le long des bords de la dalle :

1re ligne : « *Ci-gist vénérable et discrète personne Messire Gabriel-Clément, vivant prêtre-prieur* ». — 2e ligne : *Aagé* « *de 612 (72) ans, lequel décéda le 29 mars 1629, priez pour* « *son âme.* » Comme encadrées dans ces lignes sont sculptées deux figures symboliques dont l'une de gauche représente un cœur avec au milieu un enlacement des initiales du nom de Jésus-Christ, l'autre de droite un calice de la coupe duquel semble sortir une hostie. Une pierre, soudée dans le mur de l'église regardant le cimetière, porte les inscriptions suivantes que nous reproduisons textuellement. « *Cy devant gisent honorable Home Jehan Chapellot vivant* (1) *lieutenant au Baillage et Comté de Vallery lequel* « *décéda le 16e de mars 1622, âgé de soixante 10 ans* ».

« *Honeste personne Louise Bouvier sa fême laquelle est*

---

(1) Il y avait à peine quelques mois que j'étais installé à Vallery quand, un jour, un Monsieur bien mis et d'un abord fort convenable, vint me trouver (1872) me demandant une copie de l'acte de baptême de son fils qui devait prochainement se marier. Ce Monsieur était un descendant de Jehan-Chapellot. Seulement par suite d'une négligence de prononciation, son nom avait perdu une aile (L). On dit et écrit actuellement Chapelot, propriétaire d'un modeste immeuble à Vallery, il y conserve avec soin la sépulture familiale.

« *décédée le* 14ᵉ *de may* 1620 *agée de cinquante-trois ans et*
« *comme aussi* Mᵉ *Nicolas Chapellot leur fils leqvel ayant*
« *exercé la même charge que son pére est party de ce monde le*
« 21 *may* 1651 *âgé de* 53 *ans. Et honeste personne Jeanne*
« *Clémence sa fême agée de cinquante-neuf ans laquelle est*
« *décédée le* 8 *décembre* 1654. *Cevlx qui dans se monvment*
« *pierrevx font à présent levrs demevres, çi bas movrvrent*
« *pour vivre avlx cievx, priez Dieu povr evlx.* »

Un jour, voulant comprimer l'invasion, au milieu d'une énorme touffe de buis très ancienne, au cimetière, je découvris une pierre tombale restée, sans nul doute, en cet endroit depuis sa pose primitive ; je pus y distinguer avec quelques sculptures funéraires cette inscription : « Ci-gist le corps d'honorable homme M. Henry Thoulouze, chirurgien de Son
« Altesse Sérénissime, qui movrvt âgé de 56 ans le 24ᵉ
« jovr d'avril 1662. Priez Dieu povr le repos de son ame. »

Une église et le cimetière attenant ne suffisaient point à parfaire l'œuvre de restauration du Prince. L'habitation du prieur-curé, sise dans le voisinage de l'ancienne église avait, soit par vente, soit par destruction, disparu avec elle. Henri II de Condé avait encore à réparer ce méfait de son grand-père. Il n'y manqua point. Il se procura, partie par acquisition, partie par échange une maison avec ses dépendances appartenant à un nommé Guillaume Leboucher « *proche la dite église neuve et qui consiste en trois beaux*
« *foyers par bas, le fournil et une petite chambre neuve comprise*
« *avec un chaufoyer par hault, cave dessous et sur icelle cave,*
« *une garde-robe, le tout suivant le contrat et acquisition*
« *qu'en a faicts mondit Seigneur du dit Leboucher et sa femme.* »
Et il ordonna « *la dite maison avec circonstances et dépendances*
« *être délivrée et transportée à discrète personne Messire Gabriel Clément, curé du lieu pour y faire sa demeure avec*
« *son vicaire qui sera tenu y tenir les petites écoles, et pour*
« *icelle maison lieux et acceincts jouir, posséder et user par*

« *le sieur prieur et ses successeurs prieurs et vicaires à tou-*
« *jours comme d'un vrai bien presbytéral.* »

Puis par un acte solennel *faict* et *passé* au château de Vallery en présence de noble homme Jean Tory, « *Controlleur ordinaire de la maison de Mondit Seigneur* et Messire Etienne Bouchard, lieutenant assesseur *au controlle* et d'une quantité de notables habitants de Vallery, très haut, très excellent et très puissant seigneur Henri de Bourbon, prince de Condé, Comte de Soissons, Clermont et Vallery « *pour la bonne amitié qu'il porte à ses sujets habitants et*
« *paroissiens de Vallery, leur donne l'église, le cimetière et la*
« *maison curiale, à une condition : c'est que les dits habitants*
« *et paroissiens se désistent et désaisissent des places, fonds et*
« *acceincts où anciennement était bâtie et construite l'ancienne*
« *église, l'ancien logis presbytéral, l'ancien et moderne cime-*
« *tière circonstances et dépendances d'iceulx étant assis devant*
« *le château de Mondit Seigneur au dit village.* » Cette donation ou plutôt ce contrat bilatéral entre le prince et les habitants de Vallery est du 6ᵉ jour de novembre 1614. Elle porte la signature du prince, des deux contrôleurs susnommés et de dix-sept autres témoins. Nous en avons trouvé une copie à la préfecture d'Auxerre et nous l'avons reproduite textuellement. Nous avons dû remarquer ce qualificatif *moderne* donné à l'ancien cimetière parce que l'on y enterrait au moment de la création du nouveau. Les révolutionnaires huguenots étaient bien obligés de souffrir que l'on enterrât les morts. Dans la donation ou transaction dont nous parlons, il y a une clause qui enjoint aux habitants de Vallery de transporter dans le nouveau cimetière *les ossements de leurs parents avec les terres qu'il sera nécessaire entourant les dits ossements.* Mais une quantité ont échappé à cette opération sans doute imparfaitement exécutée. La nouvelle église où l'on célébrait déjà la messe en l'an 1614 ne fut consacrée solennellement que dix ans plus tard, le

17 mars 1624, comme nous l'apprend l'écrit intitulé Gallia-Christiana, par sa Grandeur l'Archevêque de Sens, Monseigneur Octave de Bellegarde. Elle fut dédiée sous le vocable de *Monsieur Saint-Thomas de Kantorbery*. Le prince choisit peut-être ce saint pour patron de son église parce qu'il se trouvait avoir eu avec lui, dans le cours de sa vie, quoique pour des motifs différents, quelques traits de ressemblance. Peut-être faut-il y voir plutôt un souvenir des actes religieux accomplis dans sa jeunesse à la chapelle du Louvre lors de sa première éducation à la cour. La dite chapelle est elle-même sous le vocable de Saint-Thomas de Kantorbéry et c'est ce qui valut à Bossuet l'honneur périlleux de faire devant Louis XIV le panégyrique du célèbre et énergique archevêque persécuté par Henri II, roi d'Angleterre.

Quoi qu'il en soit de la raison qui a fait mettre la nouvelle église de Vallery sous le patronage spécial de l'archevêque martyr saint Thomas, il est constant actuellement que la paroisse de Vallery a pour patrons deux martyrs. Celui que nous venons de désigner et saint Quentin, martyr de l'Amiénois (287). Cette paroisse, je l'avoue, n'a pas trop de ces deux protecteurs et intercesseurs auprès de Dieu. Mais à la manière dont saint Quentin est fêté, on présume qu'il est le premier en date et le patron de la première église.

XI. — LE PRINCE DEVENU INSUBORDONNÉ EST ENFERMÉ A LA BASTILLE

Les sentiments religieux du prince Henri II de Condé ne détruisirent point en lui les instincts remuants et l'ardeur ambitieuse qu'il tenait de ses aïeux. Après Henri IV, dont la valeur militaire et la fermeté administrative en imposaient aux adversaires de l'autorité royale, le pouvoir était tombé entre les mains d'une femme faible, doublée d'un ministre qui avait les deux torts d'être à la fois étranger et incapable. La régente Marie de Médicis ayant congédié Sully, l'homme du règne précédent, avait confié les rênes de son gouvernement à son compatriote le Florentin Concini-Concino qui la menait à sa guise par l'intermédiaire de sa femme Léonora Galligaï. Celle-ci, simple fille d'un menuisier était sœur de lait de la Reine, et avait acquis sur son esprit un empire extraordinaire. Une autorité ainsi représentée ne pouvait qu'inspirer du mépris à ceux surtout qui l'approchaient de près. L'exemple, d'ailleurs, de trois cent-soixante et quelques seigneurs allemands, qui étaient parvenus à force de luttes à se tailler à chacun une principauté indépendante dans le vaste empire germanique, devait exciter les convoitises des princes et seigneurs français. Le moment était on ne peut plus favorable pour faire valoir leurs prétentions. Quelques-uns même, comme d'Epernon, qui s'était fait à Metz ce qu'on appelait *son royaume d'Austrasie*, à la nouvelle de l'assassinat de Henri IV, s'étaient jetés dans les villes à leur convenance, et n'en avaient plus voulu sortir. « Le temps des rois est passé, disaient-ils, celui des grands est arrivé. »

Henri de Condé oubliant lui-même les promesses qu'à son retour de Milan il avait faites à la Reine Marie de Médicis, prit les armes et publia un manifeste exprimant les griefs de la noblesse contre la cour. Un grand nombre de seigneurs vinrent se ranger sous ses drapeaux, et, à leur tête, les ducs de Vendôme, de Longueville, de Luxembourg, Mayenne, Nevers, Retz, etc., etc. Mais depuis les troubles causés par les luttes acharnées entre huguenots et catholiques, il s'était fait un grand apaisement dans les passions populaires. La nation comparait à ces 34 ans de massacres et de pillages les 12 années de prospérité qu'elle avait eues en se serrant autour du trône et, la conclusion pratique qu'elle en tirait, c'est qu'il lui était salutaire de conserver ces mêmes dispositions de tranquille attachement au Roi. Les catholiques donc aussi bien que les protestants, sans cependant s'être concertés, ne répondirent point à l'appel des seigneurs et les laissèrent s'agiter dans le vide. « Les peuples, écrivait en ce moment Malherbe, demeurèrent partout en obéissance, et de rien faire sans eux il n'y a pas moyen. »

Quelques-uns des vieux ministres de Henri IV conseillaient la fermeté. La Reine aima mieux faire des concessions. On traita à Sainte-Menehould. Le prince de Condé reçut quatre-cent cinquante mille livres en argent comptant, en outre d'une pension de deux cent mille livres, d'un hôtel à Paris et du comté de Clermont qu'il avait déjà obtenu quelque temps auparavant. Chacun des autres seigneurs révoltés toucha aussi une certaine somme. Toutefois, « *les présents de la régente*, dit Richelieu, parlant des seigneurs, *étourdit la grosse faim de leur avarice, mais elle ne fut pas pour cela éteinte.* » Ceux-ci ayant épuisé l'argent extorqué par une première révolte qui leur avait réussi, en recommencèrent bientôt une autre sous prétexte que les Etats Généraux (clergé-noblesse-bourgeoisie), réunis depuis deux ans, n'avaient rien réglé relativement à leurs réclamations.

C'est alors, raconte M. Challe (Bulletin des Sciences de l'Yonne 1842), que l'on vit le prince de Condé lever une petite armée qu'il rassemble dans un campement près de Noyon. De là il menace Compiègne, ensuite Château-Thierry, tente inutilement de prendre Méry-sur-Seine. Suivi par le maréchal de Bois-Dauphin, commandant un corps de troupes royales, il se rapproche de la vallée de l'Yonne. Il espère s'emparer de la ville de Sens, dans laquelle, vu la proximité de son domaine de Vallery, il trouvera des intelligences et des partisans qui lui en faciliteront l'entrée. Mais Bois-Dauphin l'a devancé, il occupe la place alors que le prince ne fait que d'arriver sous ses murs. Celui-ci ayant manqué son coup remonte la vallée de l'Yonne jusque près d'Auxerre et assiège le bourg d'Appoigny, occupé par une petite garnison détachée du corps de troupes de Bois-Dauphin. Appoigny est emporté d'assaut. Un certain nombre d'habitants qui avaient pris les armes sont passés au fil de l'épée et leurs maisons livrées au pillage. Après cet exploit, qui, s'il est historiquement vrai (1), ne fait guère selon nous, honneur au prince, il se dirige rapidement vers la Loire pour se rapprocher du duc de Rohan qui y guerroie aussi de son côté.

Le jeune roi Louis XIII devait se rendre à Bordeaux (il avait environ 14 ans) pour recevoir sa fiancée, l'infante Anne d'Autriche et conduire sa sœur qui épousait en même temps un prince d'Espagne. On ne pouvait retarder le départ, car les Espagnols étaient en marche pour le rendez-vous. Il fallut qu'une armée escortât le jeune roi. Pendant tout ce voyage qui ne ressemblait guère à celui d'un souverain, la Cour fut poursuivie et souvent inquiétée par les soldats de Condé et de Rohan. Elle acheta une nouvelle paix de Loudun en mai 1616. Louis XIII reconnut le prince et ses amis pour *de bons et loyaux sujets*, déclarant qu'ils n'avaient rien fait qui *ne lui fût très agréable*, et il paya les troupes qu'on avait levées contre lui. *Condé seul reçut un million six cent mille livres*, écrit M. Duruy dans son Histoire de France.

A quelque temps de là, le prince de Condé vint à Paris. Toute la cour s'empressa autour de lui. Il sembla un instant le véritable roi de France. La Reine, qui gouvernait

---

(1) M. Challe dit se documenter dans les écrits d'Olivier de Serres. Or Olivier de Serres, frère d'un ministre calviniste (huguenot) et lui même fervent huguenot qui vécut de 1539 à 1619, *se fit remarquer par son acharnement contre les catholiques* (voir Dict. Desobry et Bachelet), il n'est donc pas téméraire dans le cas actuel, de soupçonner quelque exagération.

toujours sous le nom de son fils, poussée à bout par une nouvelle prise d'armes du Duc de Longueville, montra enfin plus de fermeté. Elle venait d'élever à la dignité de Grand Aumônier de Sa Maison et de membre du Conseil de Régence *où il se faisait fort écouter*, l'évêque de Luçon, Armand Duplessis de Richelieu, que les Etats Généraux de 1614 avaient mis en vue. Concini trouvait que le jeune prélat en savait plus que *tous les vieux barbons*. « Il lui fit donner un des quatre offices des maison et couronne de France avec la charge des affaires étrangères. » Aussitôt, des mesures vigoureuses sont adoptées et le premier jour de septembre 1616 le Prince de Condé est arrêté en plein Louvre et conduit à la Bastille. Cet acte d'énergie fit grande sensation parmi les seigneurs disposés à la révolte. Le plus influent d'entre eux était mis hors d'état de conspirer. Pendant trois ans de réclusion forcée, le Prince eut le temps de faire de sérieuses réflexions. Aussi était-il complètement amendé quand la liberté lui fut rendue. Il faut dire que le futur cardinal de Richelieu commençait à faire sentir, autour de lui, l'effet de ce génie autoritaire contre lequel devait se briser toute tentative d'insubordination de quelque part qu'elle osât se montrer. Et ce n'était pas sans besoin qu'au ciel de la politique d'alors, apparaissait ce nouvel astre.

XII. — CONDÉ REVENU AU DEVOIR FAIT INHUMER A VALLERY PLUSIEURS DÉFUNTS DE SA FAMILLE

Soit qu'il fut spontanément dégoûté des factions, soit qu'il cédât à l'ascendant du nouveau ministre, Condé après sa sortie de la Bastille fut désormais le plus soumis et le plus zélé des serviteurs du Roi. S'il prit encore les armes, ce fut contre les ennemis du trône ; et quand des chefs huguenots essayèrent, sous prétexte de défendre leurs croyances, de fomenter de nouvelles insurrections, il marcha contre eux et leur enleva la ville de Sancerre qu'ils avaient toujours gardée comme une de leurs places de sûreté.

L'année de sa sortie de la Bastille (1619) et de son retour au devoir fut pour le prince une année de deuil. Il perdit sa sœur Eléonore qui s'était montrée si hospitalière et si dévouée pour lui à l'époque de sa fuite en Flandre. Il fit transporter le corps de sa chère défunte à Vallery pour y être déposé dans le caveau nouvellement préparé d'après ses ordres sous le sanctuaire de l'église. La princesse, sans nul doute, avait exprimé, avant de mourir, la volonté qu'une messe fut dite chaque jour pour elle à perpétuité. Nous n'avons pas, il est vrai, trouvé de traces de cette fondation, mais elle nous est signalée dans une clause du testament du Prince son frère disant : « Qu'il fonde dans l'Eglise de Vallery *la pension de trois prêtres... dont l'une sera affectée pour la messe fondée par feu Mme Eléonore de Bourbon, sa sœur.* »

Le prince fit aussi transporter les corps de son père Henri Ier de Condé et de son grand-père Louis Ier inhumés provisoirement à Vendôme. Or, ces deux princes avaient été manifestement attachés à l'hérésie protestante, et les lois canoniques de l'église, d'accord avec celles du royaume dont la religion catholique était la religion officielle, ne toléraient pas que les hérétiques morts sans une rétractation authentique fussent inhumés dans une terre consacrée, par une bénédiction liturgique, aux sépultures des membres de l'église catholique, apostolique et romaine.

Pour ce qui concerne Henri Ier de Condé, il avait consenti à une rétractation en septembre 1572. Quoique sa manière d'agir par la suite ait démontré le peu de sincérité de cette rétractation, néanmoins elle put être une circonstance atténuante qui permit d'admettre en terre sainte sa dépouille mortelle. Quant à Louis Ier, son crime d'hérésie était trop flagrant. La tradition rapporte que déjà le cercueil de plomb qui contenait ses restes apportés de Vendôme où il avait été déposé, aussitôt après la bataille de Jarnac, était descendu dans le caveau du sous-sol de l'église, lorsqu'arriva une ordonnance royale d'expulsion. C'était la loi, il fallait s'y conformer. Une fosse fut creusée dans le sol, censé neutre, abrité par la petite construction qui servait de sacristie où furent enfouis les os du prince sans aucune cérémonie et sans qu'aucune marque extérieure rappelât leur présence. Cette position obscure les préserva des mains rapaces et sacrilèges des barbares qui, le 31 mars 1794, comme nous le mentionnerons dans la suite, pénétrèrent dans le caveau de l'église de Vallery et violèrent toutes les sépultures qui s'y trouvaient. Disons tout de suite à quelle occasion et comment à plus de deux cents ans de là, cette sépulture de Louis Ier de Condé fut découverte.

Peu à peu le souvenir s'en était réduit à une vague souvenance. Une circonstance fortuite la raviva. Un curé de Vallery, comme ses prédécesseurs du reste, trouvant trop restreint l'espace emmuraillé qui tenait lieu de sacristie, fit déblayer le terrain pour en construire une plus spacieuse et plus convenable (en 1852). Les pionniers, au cours de leur besogne, remarquèrent qu'en un certain endroit la terre mobile annonçait qu'il y avait eu anciennement des fouilles de pratiquées. Ils durent sonder l'endroit jusqu'au terrain solide, et, en creusant le sol, ils rencontrèrent un cercueil de plomb qui primitivement selon les apparences, avait dû être enveloppé d'une caisse en bois dont la poussière noirâtre, tranchant sur la terre marneuse, indiquait seule les traces ; auprès du cercueil il y avait une boîte également en plomb, ayant forme de cœur, m'ont dit les témoins oculaires que j'ai interrogés. Cette boite avait été involontairement entr'ouverte par un coup de pioche ; on y apercevait très bien un *linge assez grossier, ligaturé de filaments semblables à de fortes ficelles*. On présumait que ce vase cordiforme avait dû recevoir le cœur et les parties molles lors de l'embaumement du corps. M. Vernik, officier de santé à Vallery, un docteur médecin de Sens, et M. le juge de paix de Chéroy furent mandés pour assister à l'ouverture du cercueil de plomb. D'après un examen minutieux de son contenu, celui qui y avait été déposé avait dû être de son vivant petit de taille, le crâne avait été troué violemment ; l'os d'une des jambes portait la trace d'une cassure, mais la courbure de l'épine dorsale attribuée par la tradition au prince huguenot était insensible et difficile à constater. Les autres indices très caractéristiques et la mémoire vaguement conservée de l'exclusion du dit prince du caveau de l'église amenèrent les experts à conclure avec une certitude à peu près absolue, que ces ossements que l'on venait de découvrir étaient bien ceux de Louis Ier de Condé, vulgairement dit le « Prince Huguenot ». Ils furent remis à leur place, et le cercueil de plomb fut déposé dans un caveau construit au même endroit de la fouille par les soins et aux frais de Mme de la Ferrière, alors propriétaire du château de Vallery. Ni un procès-verbal, ni une inscription ne signalèrent pour le moment cette découverte ; ce ne fut que deux ans après, que M. le duc d'Aumale, partageant la certitude des experts interrogés par lui, fit encadrer dans le carrelage de la nouvelle sacristie, au-dessus de la place occupée par le caveau, une petite dalle carrée portant l'inscription suivante :

Ici ont été déposés
après avoir été rapportés de Vendôme
par les soins de son petit-fils
les restes mortels

de très haut et très puissant
seigneur Louis de Bourbon
premier prince de Condé
Marquis de Conti, Comte de Soissons
né le 8 mai 1530
tué à la bataille de Jarnac,
le 13 mai 1569.

XIII. — MORT DE HENRI II DE CONDÉ
SON TESTAMENT. SON INHUMATION A VALLERY

Après cette digression sur la sépulture du prince huguenot, revenons à son petit-fils. Celui-ci avait assez vécu pour jouir de la gloire précoce de son fils aîné Louis II de Condé auquel la postérité décerna le surnom de *Grand* parce qu'il fut le plus illustre de tous ceux de sa famille.

Vers la fin de l'année 1646, le Grand Condé, qui, du vivant de son père n'était connu que sous le nom de duc d'Enghien, s'était déjà distingué quoique fort jeune (il n'avait que 24 ans) comme général, en gagnant sur les Espagnols la victoire de Rocroi, celle de Fribourg en Souabe, et celle de Nordlingen sur les Autrichiens, et en annexant à la France la place conquise de Dunkerque ; après ce dernier exploit, l'heureux père écrivait à son fils cette lettre, pleine de sentiments religieux et d'une légitime satisfaction : « Mon fils,
« Je remercie Dieu de votre gloire et bonheur ; je vous en
« voie ce porteur pour m'en réjouir. Remettez vous en la
« grâce de Dieu et connaissez combien vous lui êtes obligé,
« et si vous voulez durer et être continué à lui être obligé
« en vos prospérités, humiliez-vous devant lui, lui donnant

« tout l'honneur de vos actions. Il faut revenir et ne plus
« tenter cette année de nouvelles entreprises. Mandez-moi
« quand vous reviendrez et où vous voulez que j'aille vous
« trouver ; à Troyes, Sens ou Vallery, me semblent à pro-
« pos. Tout à votre choix : je serai où vous me manderez
« à jour et heure certaine. J'ai reçu votre lettre du 8 octobre
« et su depuis votre entrée à Dunkerque. Voici le temps
« venu d'achever avantageusement vos affaires ; je n'y
« épargnerai rien ; vous méritez par dessus ce qui peut se
« dire ; Dieu veuille qu'on le reconnaisse, vous traitant
« comme veut la raison. Je serai, à jamais, mon fils, votre
« bon père et ami (*Signé*) Henri de Bourbon. (*En post-scrip-*
« *tum*) Je pars d'ici aujourd'hui et je m'approche de vous
« en attendant de vos nouvelles. »

Cette lettre est datée de Dijon où le prince séjournait souvent en sa qualité de gouverneur de la province de Bourgogne. Elle est du 17 octobre 1646. Le lieu choisi pour l'entrevue fut-il Vallery ? Nous ne le savons. L'heureux père ne devait pas survivre longtemps à ce jour d'épanchement de son bonheur. Il n'avait que cinquante-huit ans ; c'était la force de l'âge, mais il était atteint d'une douloureuse infirmité que nous révèle naïvement M. le curé de Vallery dans la rédaction de l'acte de sépulture, et à laquelle les progrès de la chirurgie n'avaient point encore trouvé un remède efficace. La maladie de *la pierre* détermina la mort de Henri II de Condé le 26 décembre 1646. Sentant ses approches, le prince fit appeler Me Legay, notaire royal en la résidence de Paris, et lui dicta ses dispositions testamentaires. En raison de l'importance qu'a ce testament pour l'église de Vallery nous croyons devoir copier ici divers articles dont un exemplaire notarié, et muni du timbre légal est aux Archives de la fabrique de Vallery.

« Du testament de très haut, très excellent et puissant
« prince, Monseigneur Henri de Bourbon, prince de Condé,

« premier prince du sang, premier pair et grand-maître
« de France, duc d'Anguien, Chateauroux, Montmorency
« et d'Albret, gouverneur et lieutenant-général pour le
« Roi, en ses provinces de Bourgogne, Berry et Bresse, fait
« par Maître Legay, notaire royal à la résidence de Paris,
« qui en a gardé la minute, et son collègue, le vingt-six
« décembre mil six cent-quarante-six. »

« A été extrait littéralement ce qui suit :

« item : désire que son corps soit porté dans l'église de
« Vallery, pour y être enterré, sans cérémonie de prince ;

« item : veut qu'il soit fondé à l'église de Vallery, à per-
« pétuité la pension de trois prêtres, de trois cents livres
« chacun, dont l'une sera affectée pour la messe fondée
« par feu Madame Léonore de Bourbon, sa sœur, et les deux
« autres pour lui Seigneur testateur, dont il veut en être
« dit tous les jours une haute sans que le prêtre restant de
« trois soit obligé à rien qu'à servir de supplément au défaut
« des autres ;

« item : donne au curé de la dite paroisse qui sera autre
« que les dits prêtres, cent cinquante livres de rente, à la
« charge par lui de tenir un vicaire pour le service de la
« dite paroisse, en sorte qu'ils soient toujours cinq prêtres
« servant à la dite paroisse ;

« item : donne et lègue à la dite église de Vallery cin-
« quante livres par an pour l'entretien de la couverture et
« autres menues réparations de la dite église, montant
« tous les legs et fondations à la dite église à onze cents
« livres de rente à prendre sur tous et chacun ses biens
« avec pouvoir à son héritier de se pouvoir libérer de la
« dite rente en achetant à la dite église douze cents livres
« de rente en fonds de terre à une ou plusieurs terres à dix
« lieues près du dit Vallery, qui sera délivrée à ferme pour
« neuf ans aux endroits susdits, et à cause de ce, il veut
« qu'au jour de son décès, tous les ans, il soit dit la veille

« vêpres et vigiles des morts et le lendemain trois messes
« hautes avec *de profundis* et *libera* à la fin. Et il prie le
« curé et le vicaire et les trois prêtres fondés y assister et
« dire le service.

« Révoquant par le dit Seigneur tous autres testaments
« et codicilles qu'il pourrait avoir faits autres que cestuy
« qu'il a dicté et nommé de sa propre bouche de mot après
« autres auxdits notaires.

« Extrait par Maître Charles-Henri Lebrun et son collè-
« gue, notaires royaux, à Paris, soussignés, ce jourd'hui,
« vingt novembre mil huit cent vingt deux, de la minute
« du dit testament étant en la possession de Me Lebrun,
« comme successeur médiat de Me Legay ci-devant notaire. »
(Suivent les signatures de Me Lebrun et son collègue.)

Ce document qui crée des droits très positifs en faveur de l'église de Vallery, prouve en même temps la foi de son auteur. Il nous montre en même temps l'humilité de ce descendant de Saint Louis, lequel avait eu pendant quelques années en perspective, en sa qualité de premier prince du sang royal, l'occupation du trône de France. Il veut que *son corps soit porté dans l'église de Vallery, pour y être enterré sans cérémonies de prince*. L'appareil d'un convoi pompeux lui est indifférent, il préfère des prières (1). Ces intentions du mourant furent respectées et son corps fut amené à Vallery dans la soirée du douzième jour de janvier de l'année suivante. M. le curé François de Beaujeu rédige en ces termes l'écrit constatant l'inhumation : « *Proh! dolor!*

---

(1) Si l'on s'étonne de la modicité des sommes affectées, par le testament de Henri II, aux œuvres diverses qu'il se propose d'établir, nous ferons remarquer que d'après de sérieux calculs, on peut constater que l'argent, à l'époque de ses fondations, avait au moins six fois plus de valeur qu'aujourd'hui, vu le prix de toutes choses nécessaires à la vie, et de la journée des ouvriers. Ainsi trois cents livres d'alors équivalaient à dix-huit cents francs d'aujourd'hui.

« *hic mortem Condei principis attestor*, lequel décéda le
« mercredi 26 décembre 1646, jour de Saint-Etienne, à
« Paris, sur les quatre heures du soir, *de la pierre* qui lui
« boucha les conduits, et son corps fut amené vers le soir
« du douzième jour de janvier et inhumé le lendemain.
« L'archevêque de Sens, Louis-Henri de Gondrin faisant
« l'office. » (Archives de la mairie de Vallery.)

Henri II de Bourbon laissa en mourant trois enfants :
1º Anne Geneviève de Bourbon-Condé qui naquit à la Bastille, où par point d'honneur et dévouement, Charlotte Marguerite de Montmorency sa femme avait voulu s'enfermer avec lui. Elle épousa en 1642 le duc de Longueville, eut une existence orageuse qu'elle termina par la pénitence chez les Carmélites, en 1679 ; 2º Louis de Bourbon Condé, 2ᵉ du nom, né à Paris le 8 septembre 1621. Nous en parlerons d'une façon plus détaillée parce qu'il a été le châtelain le plus célèbre du domaine seigneurial de Vallery ; 3º Armand de Bourbon, prince de Conti, qui laissa quelques écrits, fut successivement gouverneur des provinces de Guyenne et de Languedoc, et mourut à Pézénas âgé seulement de trente-sept ans. Ni lui, ni sa sœur ne furent après leur décès ramenés à Vallery dans le caveau de leur père. Quant à leur frère Louis II, ses résidences réitérées et finalement sa sépulture à Vallery ayant jeté sur cette paroisse une sorte d'auréole de gloire, il est vrai bien oubliée et bien pâlie de nos jours, me font une engageante obligation de m'étendre sur son sujet.

XIV. — LA JEUNESSE DU GRAND CONDÉ SON ÉDUCATION

M. Challe, dans sa notice de 1842 (Bulletin annuaire des Sciences de l'Yonne), sur Vallery, veut que ce village ait, été le berceau de Louis II de Condé, qu'il y ait été élevé, que son enfance se soit écoulée sous les ombrages du beau parc et dans le sein du riche manoir des bords de l'Orvanne. Que ce soit là qu'il s'est formé à l'étude des sciences, à l'art de la guerre, dans lequel dès son début il surpassa les généraux les plus expérimentés, cette idylle héroïque composée par M. le président de la Société des Sciences de l'Yonne en l'honneur de Vallery, n'est point conforme à la vérité historique. Quoiqu'à regret pour notre paroisse, nous sommes par la constatation des faits, autorisés à l'affirmer.

Henri II, le père de Louis, qui fut nommé duc d'Enghien, possédait dans le Berry dont il était gouverneur le château de Montrond ou Mouron. Il l'avait acheté de Sully, le vieux ministre de Henri IV. C'est dans ce pays *à l'air doux et bénin*, dit Lenet dans ses mémoires, que le prince amena, aussitôt après sa naissance, son fils aîné. Là se passèrent, loin de la cour, ses premières années.

Lorsqu'il fut en âge d'être remis entre les mains des hommes, il fut confié à un gentilhomme de petite maison, nommé Laboussière, nature ouverte et fidèle, et disposée, c'était là le point capital, à suivre littéralement les instructions du père de famille. Le caractère emporté et difficile que manifestait l'enfant, exigeait, pour l'amener à bien, à la fois une grande prudence et une grande fermeté.

Il fit ses études au collège de Bourges, dirigé par les pères Jésuites. De par la volonté paternelle, il y était soumis à toutes les règles de discipline du collège. Le père voulait avoir fréquemment un compte rendu de la conduite de son fils. Une fois que par ses mauvais traitements il avait fait mourir un petit oiseau enlevé furtivement du nid, il fut soumis à la peine du fouet sous les yeux et d'après l'ordre de son père.

Tout prince qu'il était, il n'avait d'autre prééminence parmi ses condisciples, que celle qu'il pouvait conquérir par l'application et le travail. Il n'obtenait aucune faveur du prince son père, sans lui en présenter la demande par une lettre écrite en latin dans un style assez pur et assez élégant pour attester ses progrès et ses succès (1). Une pareille éducation était pour comprimer les exubérances, et développer les heureuses dispositions de la nature du jeune prince.

L'historien, M. Jules Gourdault, auquel nous empruntons ces détails dans son ouvrage intitulé, « la Jeunesse du Grand Condé », tirés de documents véridiques, ne parle qu'une seule fois et comme en passant de la présence de Louis II de Condé (duc d'Enghien) à Vallery. On peut admettre néanmoins sans courir grand risque à se tromper, qu'il y vint volontiers, à certains jours de relâche accordés aux écoliers dans l'intérêt de leur santé. La distance de Bourges à Vallery n'est pas tellement considérable qu'en quelques chevauchées on ne puisse la parcourir. Si l'air de Montrond est *doux et bénin*, l'air de Vallery est pur et vivifiant. Nombre d'habitants y atteignent l'extrême vieillesse. En été, les hautes futaies du parc devaient en ce temps-là répandre une agréable fraîcheur et offrir pour les promenades à pied et à cheval, pour les jeux et les ébats du jeune âge, des facilités attrayantes. On admire actuellement dans ce parc, tout près de l'allée principale, un énorme chêne à la tige très élevée jusqu'aux branches et mesurant à hauteur d'homme 5 mètres 20 centimètres de tour (2). On l'appelle

(1) Un de ses descendants nous a conservé dans ses mémoires (Essai sur la vie du Grand Condé) quelques fragments de ces lettres du jeune Louis à l'âge de 15 ans. Les hommes les plus familiarisés avec le style épistolaire des écrivains de l'ancienne Rome ne désavoueraient ni la grâce, ni l'élégante facilité qui s'y fait sentir.

(2) Mesure précise. Le Grand Condé l'aurait planté, selon les uns — se serait assis à l'ombre de son jeune feuillage, selon les autres. Ces deux conjectures sont vraisemblables... il s'agit d'un chêne dont 240 ans n'est que l'âge mûr.

vu lgairement le Grand Condé. Pourquoi ? Ne serait-ce pas en souvenir d'un rapport quelconque du prince avec cet arbre séculaire que celui-ci devrait d'avoir échappé, de préférence à tant d'autres, depuis un temps immémorial à la hache du bûcheron, et de porter son nom illustre ?

Quoiqu'il en soit, nous trouvons des traces certaines de la présence du duc d'Enghien à Vallery au 1er avril 1640. Il était alors dans sa dix-neuvième année. Il conduit aux fonts-baptismaux en qualité de parrain, le nouveau-né d'un nommé Georges Pasquet, honnête père de famille, charpentier de son métier. Ce nom a disparu à Vallery, mais est encore porté dans une localité voisine par quelques bons paysans. La marraine ou, comme on dit habituellement, la commère du jeune prince, fut Marie Chapellot, fille du lieutenant au baillage et comté de Vallery.

Disons tout de suite, quoique cela anticipe de beaucoup sur l'ordre chronologique que nous nous proposons de suivre, qu'en 1660 nous retrouvons le prince à Vallery remplissant les mêmes fonctions de parrain. Cette fois la marraine très honorée, est Mademoiselle Thomasse Lebreton, et l'enfant présenté au baptême et auquel est donné le nom de Louis est le fils d'un nommé Henri Tourlier. Cette famille Tourlier a encore actuellement de nombreux représentants dans la paroisse. Je ne crois pas qu'aucun d'eux se souvienne et se glorifie de cette sorte de parenté spirituelle contractée par l'un de leurs ancêtres, avec l'un des hommes les plus célèbres de son temps. La famille Chapellot (aujourd'hui Chapelot) qui existe encore, mais n'habite plus Vallery, n'est point indifférente, je le sais, à ces relations de ses pères avec leurs illustres maîtres d'autrefois. Ces deux actes de baptême dont nous avons lu l'inscription sur les registres de catholicité transportés en 1792 à la mairie et qui sont signés de la main du prince, nous prouvent qu'il devait jouir d'une certaine popularité qui enhardissait les paysans à le demander pour parrain de leurs nouveau-nés, et qu'en ce temps-là les grands, même les plus élevés en dignité, ne dédaignaient pas de faire plaisir aux petites gens du peuple. Il dut y avoir dans ces deux circonstances une joyeuse satisfaction mêlée de fierté sous les humbles toits des deux obscurs ménages dont les fils devenaient les filleuls du plus distingué des personnages issus du sang royal.

D'autres faits, sinon plus importants, du moins plus historiques et plus en vue témoignent aussi de la présence du duc d'Enghien, que nous nommerons désormais le Grand Condé, à Vallery. Dunkerque venait de capituler après treize jours de tranchées ouvertes. C'était le 11 octobre 1646, La campagne était terminée. Le glorieux vainqueur s'était rendu à Paris en compagnie de son père qui voulait le présenter à la cour et demander pour lui quelques faveurs en récompense des services rendus. Or l'autorité souveraine y était exercée par la reine régente Anne d'Autriche, mère de Louis XIV alors âgé d'environ huit ans, et par le premier ministre du Conseil de régence, l'homme de confiance de la Reine, le cardinal Mazarin. Celui-ci accueillit les deux visiteurs avec force félicitations, mais opposa son refus à leurs demandes. Le père et le fils, froissés de ce qu'ils considéraient comme un déni de justice, quittèrent la cour avec un certain éclat et se retirèrent, le premier dans son gouvernement de Bourgogne, le second dans son château de Vallery où il ne fut pas longtemps tranquille. Vers la fin de cette même année il dut visiter son père retourné, gravement malade, à son hôtel de Paris. Il eut même la douleur de lui fermer les yeux le 26 décembre, et, comme nous avons dit précédemment, d'assister à ses funérailles et au dépôt de la dépouille mortelle de ce très respecté et très aimé père, dans la sépulture qu'il s'était préparée sous le sanctuaire de l'église de Vallery.

XV. — MAUSOLÉE DE HENRI II DE CONDÉ DANS L'ÉGLISE DE VALLERY

Le Grand Condé avait pour son père une haute estime et une tendre affection, convaincu qu'il était de ne devoir sa supériorité et ses succès, qu'à l'éducation sérieuse qu'il en avait reçue. Profonds furent donc les regrets qu'il ressentit de sa mort prématurée (58 ans). Le remarquable monument funéraire qu'il fit ériger à sa mémoire dans l'église de Vallery nous est une preuve palpable de sa vive reconnaissance. Il en inspira le sujet, et dut en surveiller l'exécution.

Plusieurs membres de la Société des Sciences historiques de l'Yonne se sont intéressés au mausolée du prince Henri II de Condé et en parlent dans leurs publications périodiques. Deux d'entre eux, M. Challe, président et M. Vaudin, simple membre de la dite Société, en ont donné une description plus ou moins fantaisiste. Nous qui avons pu contempler à peu près chaque jour cette superbe création de sculpture, pendant les treize ans de notre ministère à Vallery, nous avons essayé d'en faire un tableau conforme à la vérité, sans cependant oser affirmer que nous n'avons pas oublié quelque détail.

Son style est de la fin de la Renaissance (1). Les attributs et ornements des figures qui le composent sont généralement empruntés aux fables de la mythologie. Il est placé

---

(1) Renaissance, époque comprise entre la prise de Constantinople par les Turcs (1453) et la première moitié du xviie siècle, où se produisit dans les arts et la littérature un renouvellement de l'antiquité payenne.

Eglise de VALLERY — Tombeau de Henri II
père du Grand Condé

devant la chapelle seigneuriale dédiée à saint Louis à l'entrée d'un bras de la croix de l'église, du côté de l'épître. Il forme une sorte de barrière qui clôt cette chapelle. Sur un soubassement de deux pieds environ de haut, s'élèvent quatre cariatides ou statues debout, de grandeur *un peu plus que naturelle*, représentant les quatre vertus cardinales à savoir : la Justice, la Force, la Tempérance et la Prudence (de droite à gauche de celui qui les regarde). Elles sont reconnaissables aux emblèmes qu'elles tiennent dans leurs mains. La Justice a la balance impartiale dans laquelle elle doit peser les mérites ou démérites de chacun. Elle tient aussi le glaive dont est menacé le crime. La Force, qui a les épaules couvertes de la peau du lion de Némée (1), porte à la main droite la massue d'Hercule au repos et relève de la main gauche un pan de sa robe pour laisser apercevoir en son entier un bouclier ovale sur lequel s'entrelacent des guirlandes de laurier d'où émergent diverses têtes d'animaux féroces. La Tempérance est munie de la bride et du mors, à l'aide desquels elle contient et gouverne la violence capricieuse des passions humaines. Enfin on reconnaît la Prudence au serpent qui se glisse sans bruit, et au miroir magique où l'on peut lire l'avenir, le prévoir et agir en conséquence. Elles sont deux à deux de chaque côté d'une ouverture en plein cintre qui permet de pénétrer de l'église dans la chapelle Saint-Louis et réciproquement, et dont le tympan est dominé de chaque côté, c'est-à-dire au dehors et en dedans de la dite chapelle, par deux têtes de mort ailées, symboles à la fois de la mort et de la résurrection. L'une (en dehors), avec ses ailes de colombe, rappelle la mort et la résurrection du juste, l'autre (en dedans),

---

(1) **Némée** : Ville grecque près de laquelle Hercule, personnage mythologique, d'une force extraordinaire, tua un lion monstrueux et en enleva la peau dont il se fit un vêtement.

avec ses ailes de chauve-souris suggère l'idée sombre de la résurrection du méchant. Chaque couple de statues est divisé par une arcade ; au-dessus de celle de droite, en dehors de la chapelle, est un faisceau d'armes antiques. On ne distingue que les extrémités de ces armes, épées, javelots, massues, carquois, flèches, et torches incendiaires qui doivent se croiser sous un bouclier octogonal portant à sa surface une tête de Méduse (1). Au-dessus de celle de gauche est l'image d'une proue de navire près duquel deux tritons se livrent un combat acharné pour la possession d'une néréide qui en paraît tout effrayée.

Chaque cariatide est coiffée d'un chapiteau d'ordre ionique supportant un entablement à large frise et à corniche denticulée. La frise, dont le milieu est occupé par une inscription (que nous donnons plus loin) est parsemée de fleurs de lys en cuivre et de la lettre H qui sont le chiffre du Prince défunt.

En dedans de la chapelle, sur un même soubassement que celui du dedans de l'église, s'élèvent, adossées à chacune des cariatides, quatre colonnes plates surmontées de chapiteaux pareils à ceux qui coiffent les dites cariatides (ou statues debout) et supportant un entablement de même forme.

Au sommet de l'entablement, court sur toute la longueur de l'ouvrage une bande en marbre noir qui sert de base immédiate à un grand cénotaphe (2) sur lequel le prince Henri II (sa statue), en costume de guerrier grec ou romain, est à demi-couché sur le côté gauche, les jambes un peu pliées, la droite se croisant par dessus la gauche. Le bras

---

(1) Méduse : L'une des trois sœurs Gorgone. Elle avait pour chevelure des serpents et pétrifiait ceux qui avaient l'audace de la regarder (Myth.).

(2) Cénotaphe : Tombeau confectionné en l'honneur d'un mort, mais où n'est point son corps.

gauche supporte le torse à demi-relevé, et appuyant le coude plié à angle droit sur un coussin qui s'affaises sous le fardeau, laisse négligeamment retomber la main sur le bord de ce coussin. Quant au bras droit, allongé presque horizontalement, il tient à la main le bâton insigne du commandement. Le prince, dit M. Challe, semble avoir l'attitude d'un guerrier qui se repose après la victoire, ou d'un sage qui médite sur le néant des grandeurs humaines. L'éclosion de cette phrase est sonore, mais le sens en est banal.

Le sculpteur, non plus que celui qui l'inspirait, ne nous ont révélé leur intention lorsqu'ils ont imaginé de représenter leur personnage de prédilection, semblant interrompre son sommeil et se soulever pour regarder ce qui se passe auprès de lui. Mais l'histoire, mais les derniers sentiments du prince clairement exprimés, mais l'inscription elle-même du monument où l'on remarque ces paroles : *hereticorum scopulus* (écueil des hérétiques), la révèlent, cette intention, suffisamment, à qui veut comprendre. Le prince, de son vivant, infligea une sérieuse défaite aux Huguenots qui détestaient la messe, et voulaient la détruire. Il la rétablit officiellement à Vallery; il aimait à y assister. Cette église de Vallery qu'il avait fait bâtir le vit souvent satisfaire à cette pratique essentielle de la religion catholique, et, avant de mourir, il eut soin de pourvoir à ce qu'elle fût célébrée chaque jour à son intention. Il est donc inutile d'aller bien loin dans les régions vaporeuses de la philosophie chercher la raison de l'attitude donnée par le sculpteur à la statue de Henri II de Condé. Il est tout naturel, ce me semble, que l'artiste sculpteur ait voulu conserver à son héros, après sa mort, l'attitude qu'il eut pendant sa vie, en le représentant interrompant son repos et faisant un effort pour se relever et contempler à son aise l'immolation de la sainte Victime dans la médiation de laquelle il a mis toutes ses espérances (1). A chaque bout du cénotaphe un petit génie dont les regards sont douloureusement tournés vers l'effigie du prince, soutient l'écusson des Condé aux trois fleurs de lys et à la barre oblique indiquant une branche cadette. Par derrière la statue, contre les plis du manteau parsemé d'abeilles, se cache un masque de théâtre. Il annonce discrètement à l'œil observateur que celui qui est là représenté a terminé son rôle dans la vie de ce monde ; que de tous les privilèges et de tout l'éclat qu'il avait emprunté au rang et à la naissance, la mort ne lui a plus rien laissé. Les apparences peuvent tromper les hommes, mais devant Dieu, tout masque est inutile et les seuls vrais mérites ont une valeur. Enfin, deux urnes funéraires dont la face circulaire est agrémentée de feuillages irrégulièrement découpés complètent la décoration de ce superbe mausolée.

Tout l'ouvrage est en marbre blanc, à l'exception du cénotaphe qui est noir, et de l'entrecolonnement qui est en marbre diapré de veines et de taches jaunâtres, grises, blanches sur un fond où la couleur rouge domine. En regardant avec soin on s'aperçoit très bien que la teinte blanche du soubassement, de l'entablement et des colonnes plates est estompée de nuances bleuâtres, tandis que la blancheur des statues est parfaite. L'exécution est d'un fini remarquable. Les parties visibles des membres, les plis des vêtements sont d'une vérité irréprochable. En contemplant les deux petits génies, on est tenté d'écouter si quelque cri plaintif ne s'échappe pas de leur bouche entr'ouverte, tant la douleur est peinte sur leur figure enfantine.

---

(1) Je confesse que, célébrant habituellement la messe au maître-autel de l'église et me retournant vers l'assistance, si je jetais un coup d'œil vers cette statue toute proche du sanctuaire j'étais saisi de cette impression qu'elle se soulève pour regarder le prêtre remplissant sa fonction et pour surveiller, en quelque sorte, l'accomplissement de ses dernières volontés.

Quel fut l'auteur de ce chef-d'œuvre de sculpture ? La réponse à cette question resta longtemps douteuse. M. Vaudin, l'un des membres de la Société des Sciences de l'Yonne, y trouva une solution qu'il nous révéla dans une brochure imprimée en 1880. L'auteur, nous dit-il, est Gilles Guérin, élève de Sarazin, membre et secrétaire de l'Académie de peinture et de sculpture, et sculpteur célèbre en son temps. Il vécut de 1606 à 1678. Guillet de Saint-George, le premier historiographe de l'Académie que nous venons de désigner, nous a laissé, au sujet de l'auteur du monument de Vallery, un témoignage décisif, car il est contemporain et sa position ôte tout prétexte de contestation ou de contradiction. On en jugera par ces quelques lignes extraites de l'éloge de Gilles Guérin qu'il a prononcé devant la dite Académie le 7 juillet 1691 :

« Henri de Bourbon, prince de Condé, étant mort en
« l'année 1646, on lui fit deux magnifiques mausolées, un
« dans l'église des Jésuites de la rue Saint-Antoine (à Paris)
« où son cœur est en dépôt, l'autre élevé sur le lieu où re-
« pose son corps dans *la chapelle du château* de Vallery
« qui est dans le Gâtinais entre Sens et Fontainebleau (1). Ce
« dernier fut fait par Guérin.

« Dans celui-ci, on voit la figure de Monsieur le Prince
« couché sur le côté, au-dessus d'une espèce d'ordre d'archi-
« tecture, soutenu par quatre grands termes. Tout est en
« marbre. Les armes de Monsieur le Prince sont portées
« par de jeunes enfants qui représentent *les génies de la*
« *douleur*. Les quatre figures (termes) chacune de six pieds
« de haut représentent la Force, la Justice, la Prudence
« et la Tempérance, figures allégoriques. »

---

(1) L'historiographe s'est mépris ; c'est dans l'église de Vallery qu'il devait dire. Mais ladite église étant l'œuvre du châtelain et non loin du château, la méprise était facile.

Ce document découvert par M. Vaudin a la valeur d'une pièce officielle ; il fut lu en séance publique : il a donc tous les caractères de certitude historique que l'on peut désirer.

« Les œuvres de Gilles Guérin, ajoute M. Vaudin dans
« sa susdite brochure, sont nombreuses et variées, mais
« d'une valeur inégale. Si grande était son ardeur au travail
« qu'il n'attendait pas toujours l'heure de l'inspiration.
« Mais on peut croire que le génie du grand Condé sous les
« yeux duquel il conçut et exécuta le mausolée de Vallery
« dut réchauffer son imagination d'artiste, et l'exalter.
« Car bien peu de ses œuvres sont d'une expression aussi
« pure et d'un sentiment aussi élevé. » La statue du prince exprime un calme plein de majesté. Sa figure est à la fois un objet d'art et un portrait historique. Elle est frappante de ressemblance avec le portrait connu du grand Condé, son fils.

Dans cette même brochure de 1880, M. Vaudin, en jugeant par la vue des *reproductions photographiques* apprécie comme suit la valeur artistique de l'effigie (statue) du prince.
« Ce travail, dit-il, est diversement apprécié. S'il n'est pas
« sans mérite, il n'atteint pas, autant qu'il m'est permis
« d'en juger par les *reproductions photographiques*, à la
« noble simplicité et à la belle conception des cariatides
« (statues des 4 vertus cardinales). Une tradition répandue
« dans le pays veut que ces deux parties du mausolée soient
« l'œuvre de deux statuaires différents ; la tradition n'est
« pas toujours à dédaigner alors surtout que les faits sem-
« blent l'appuyer. » Nous sommes reconnaissants à M. le photographe Vaudin d'avoir découvert et de nous avoir révélé le nom du véritable auteur du mausolée de notre église de Vallery ; mais, ne lui en déplaise, nous tenons comme erroné son jugement sur le mérite artistique de *l'effigie du Prince*. Cela ne nous étonne pas, du reste ; il le formule d'après l'idée que lui en donne les reproductions photographiques.

Or, une des dites reproductions, œuvre de M. Vaudin lui-même, nous produit plutôt l'effet d'une caricature que d'une ressemblance exacte. Quant à la tradition locale qui attribuait les cariatides et la statue du prince à deux statuaires différents, nous qui habitons la contrée depuis plus de douze ans, qui avons constamment cherché, interrogé, consulté, nous n'avons trouvé nulle trace sérieuse de la tradition mentionnée par M. Vaudin. L'attitude de la statue du Prince est, dans ses moindres détails, aussi irréprochable que toutes les autres parties qui composent le monument en entier, malgré les difficultés qu'elle dut offrir à l'ouvrier, et ces difficultés sont telles qu'elles font le désespoir des photographes ou des dessinateurs qui veulent la reproduire fidèlement. La compression ou la contraction des muscles causées soit par le poids du torse pesant sur le bras gauche à demi-plié, soit par le retrait des jambes dont l'une s'arque par-dessus l'autre, les proportions des membres, la fine découpure des doigts, la souplesse des plis des vêtements, la pose attentive du visage, tout contribue à émerveiller les regards de l'observateur, mais défie le crayon ou l'appareil du reproducteur. Et si l'on voulait établir une différence entre les diverses parties de ce mausolée, elle serait selon moi plutôt en faveur de la statue du prince, non à cause de la perfection du travail, mais à cause des difficultés dont l'ouvrier a triomphé.

« Comme dimension, croit devoir ajouter M. Vaudin,
« l'œuvre du mausolée de Vallery est presque colossale.
« La statue s'élève à plus de trois mètres et demi du sol. Elle
« a un mètre quatre-vingt-dix centimètres de longueur ; les
« quatre cariatides ont chacune deux mètres de haut.
« A l'exception du sarcophage en marbre noir, le tout est
« en marbre blanc de Carrare auquel le temps a donné une
« teinte dorée. » Que M. Vaudin nous permette de rectifier, un tant soit peu, ses mesures. Or la taille des cariatides et

celle du prince ne sont que de *un mètre* quatre vingt centimètres. Des humains de cette longueur ne seraient point encore des géants, à la rigueur du terme. De la surface du sol au sommet de la statue à demi-couchée sur le cénotaphe, il y a quatre mètres cinquante-neuf centimètres. Le marbre des diverses statues est resté parfaitement blanc. Celui de l'ordre architectural est ou blanc estompé de veines bleuâtres ou bariolé de plusieurs couleurs. L'inscription du milieu de la frise dont elle fait partie, est en creux dans le marbre noir. La bande qui termine l'entablement et sert de base immédiate au sarcophage est comme lui en marbre noir.

Inscription latine placée au milieu de la frise du mausolée :

Æternæ memoriæ sacrum,
et piis manibus excelsi herois Henrici Borbonei Condei
Regii sanguinis primi principis ;
fuit ille pietate erga Deum eximiâ, fide erga Regem intemeratâ
Hœreticorum scopulus, et auctoritati regiæ statio tutissima,
Hæc saterit, te novisse de plurimis ejus præclarè factis,
Et consultis, ut scias quanti fuerit tanti principis desiderium.
Natus erat annos LVIII *quando de natus est* VI *kalendas*
An. MDCXLVI.

En français :

Consacré à l'éternelle mémoire
et aux mânes vénérés de l'illustre héros Henri
de Bourbon-Condé
premier prince du sang royal
D'une piété remarquable envers Dieu, d'une fidélité
inviolable envers le roi,
Il fut l'écueil des hérétiques, le plus sûr appui
de l'autorité royale

C'est assez, passant, te donner l'idée de ses belles
actions
Et de sa prudence, pour que tu saches le regret que nous
cause la perte d'un si grand Prince
Né depuis 58 ans, il décéda le 6 d'avant les kalendes de
janvier 1646.

XVI. — PAGE MOUVEMENTÉE DE L'EXISTENCE DU GRAND CONDÉ

Les événements qui suivent durent apporter une sensible diversion au deuil du grand Condé. Une armée d'Allemands et d'Espagnols, commandée par l'archiduc Léopold menaçait notre frontière du nord. Sans rancune de la réception peu obligeante que son père et lui avaient, en octobre 1646, éprouvée de la part du cardinal Mazarin, le prince avait accepté de lui le commandement en chef de l'armée royale destinée à repousser l'envahisseur. Les deux armées en vinrent aux mains près de la ville de Lens (Pas-de-Calais). Condé, avec des troupes sensiblement inférieures en nombre à celles qu'il avait devant lui, suppléant par d'habiles manœuvres stratégiques à cette infériorité numérique, mena l'attaque avec tant d'ardeur et de précision, qu'en l'espace de deux heures, l'armée allemande-espagnole fut complètement défaite ; elle perdit tous ses canons, ses bagages, ses munitions et cent-vingt drapeaux ou étendards. Cette grande bataille fut la dernière de la guerre de *Trente ans*. Elle détermina la conclusion du traité de paix dit de Westphalie, l'un des plus glorieux de notre histoire.

Or, la longue durée de la guerre et aussi (selon l'opinion commune des historiens), la mauvaise gestion financière, avaient fait le vide dans la caisse du trésor public. Pour la remplir, le ministre Mazarin imagina de décréter de nouvelles *taxes*. Le Parlement fit opposition aux *édits bursaux* du ministre. Les seigneurs, la bourgeoisie, la masse du peuple surtout, se trouvant déjà surchargée d'impôts, prirent parti pour le Parlement. Ce fut un commencement de révolution. Il y eut même *la journée des Barricades*. Cette sorte d'insurrection prit le nom de Fronde et ses partisans celui de frondeurs. La cour ayant jugé à propos de quitter Paris en ébullition, pour mettre le roi en sûreté, la reine, *les larmes aux yeux, demanda à M. le Prince* de servir de protecteur à son fils. Condé honoré de cette marque de confiance, promit son dévouement. Et s'étant mis à la tête de quelques milliers d'hommes de l'armée royale, infligea une sanglante leçon aux plus entêtés d'entre les frondeurs. La peur rendit les autres plus prudents. Le calme s'étant rétabli, le roi rentra dans Paris. Mais ce calme n'était qu'extérieur. L'agitation persévérait dans les esprits. Mazarin redoutait une diminution de son autorité en proportion de l'accroissement de celle que ses succès procuraient au prince de Condé. Les parents de ce dernier, son frère le prince de Conti, son beau-frère, le duc de Longueville, sa sœur Anne Geneviève de Bourbon, se montraient zélés partisans de la Fronde. N'était-il pas à craindre que leur glorieux aîné, sympathique à sa famille, ne se laissât entraîner par elle à un revirement d'opinion au profit des frondeurs ? Certaines apparences, trop facilement accueillies, ajoutant des soupçons à cette crainte, Mazarin, le 8 janvier 1650 fit à l'improviste arrêter et conduire le grand Condé au fort de Vincennes, d'où, sous la poussée du mécontentement public, il est obligé treize mois après de donner ordre d'*élargir* son prisonnier. Celui-ci fit lui-même cet aveu : « Je suis entré en prison le plus innocent et j'en suis sorti le plus coupable des hommes. »

En effet, aveuglé par la passion de la vengeance, il accepte d'être le principal chef de la Fronde, cette sorte de guerre civile, qui, commencée dans le sang, finit dans le ridicule. Aggravant alors sa faute, Condé s'en va offrir le secours de sa vaillante épée à Philippe IV, roi d'Espagne qui, abandonné de l'Allemagne depuis le traité de Westphalie, auquel il avait refusé de souscrire, continuait seul les hostilités contre la France. Philippe IV l'accueillit avec joie et lui confia le commandement en chef de son armée. L'Europe assista pendant cinq ans à une lutte palpitante d'intérêt entre les deux généraux les plus habiles que l'on connut à cette époque, je veux dire entre Condé et Turenne. Leur génie se paralysant l'un par l'autre, les résultats en furent minimes. A la fin la jalousie des officiers du roi d'Espagne prévalant sur l'opinion de leur souverain, celui-ci ôta sa confiance au grand Condé, pour la donner, avec la direction de ses troupes, à Don Juan d'Autriche, son fils naturel. Turenne eut promptement raison de ce nouveau chef de l'armée ennemie. Et la bataille des Dunes, perdue par les Espagnols, amena la paix dite des Pyrénées, 7 novembre 1659.

XVII. — FIN ÉDIFIANTE DU GRAND CONDÉ SON INHUMATION A VALLERY

Condé la désirait, cette paix. « Je suis las et honteux, écrivait-il, de disputer plus longtemps le terrain à mon roi ; j'aime mieux me soumettre à tout, que de prolonger les maux de la guerre. » Aussitôt cette paix conclue, il rentra en France et alla se jeter aux pieds du jeune monarque qui, parvenu à sa majorité, avait à cœur de tenir lui-même les rênes du gouvernement. Louis XIV le reçut avec beaucoup de douceur et de gravité, et lui adressa ces paroles pleines à la fois de vérité et de tact : « Mon cousin, après les grands services que vous avez rendus à ma couronne, je n'ai garde de me ressouvenir d'un mal qui n'a apporté de dommages qu'à vous-même. » Sa Majesté indulgente lui rendit, ainsi qu'aux amis qui l'avaient suivi dans sa rébellion, honneurs, titres, biens et gouvernements. A cette même époque (1660) nous constatons la présence du grand Condé à Vallery où, comme nous l'avons mentionné précédemment, il est parrain pour la seconde fois. On peut d'ailleurs à bon droit conjecturer, qu'après les cinq ans d'exil auquel il s'était condamné par suite de la Fronde, il devait éprouver un impérieux besoin de venir reposer son âme longtemps troublée par les remords d'une situation anormale, au milieu de souvenirs palpables du père aimé et profondément regretté, dont la direction sage, eût, s'il eut vécu, su modérer la fougue de caractère, cause de sa coupable rébellion.

A partir de cette reconciliation avec le roi, Condé se montra, comme avant ses funestes démêlés avec Mazarin, entièrement dévoué au service de l'Etat, et lui apporta le concours de son génie militaire. La campagne de 1675 dans laquelle il défendit contre le célèbre général espagnol Montecuculli la province d'Alsace ouverte à l'invasion par la mort de Turenne, fut son dernier triomphe, mais acheva d'user ses forces. En 1680, après la mort de sa sœur, la duchesse de Longueville, il se fixa à Chantilly, superbe domaine qu'ils tenaient de leur mère Charlotte de Montmorency. « C'était dans cette noble retraite, dit Bossuet (oraison funèbre), embellie plus encore par son nom que par les merveilles de l'art, qu'il se livrait à la méditation de ces grandes vérités religieuses dont le tumulte des camps et le mouvement du monde lui avaient fait perdre la trace, sans pourtant les avoir entièrement effacées de son esprit. Vers le milieu de l'année 1686 qui fut la dernière de sa vie, le *Lion*, comme l'appelle Madame de Sévigné, s'affaiblit d'une manière sensible. Ayant appris que la duchesse de Bourbon, fille de Louis XIV, et femme de son petit-fils, était attaquée de la petite vérole, à Fontainebleau, il partit sur-le-champ pour se rendre auprès d'elle et lui-même tomba malade gravement. Il prévit dès lors sa fin prochaine et s'y prépara avec courage et tranquillité. « Ah! mon Dieu, dit-il, vous le voulez, que votre volonté soit faite. Je me jette entre vos bras, donnez-moi la grâce de bien mourir. » Dans cette courte prière, nous dit Bossuet, témoin oculaire de la fin si édifiante de son illustre ami, dans cette courte prière, vous voyez la soumission aux ordres de Dieu, l'abandon à sa providence, la confiance en sa grâce et toute la piété. » (Or. fun.). Il ne fit point de testament, disant qu'il connaissait son fils, qu'il n'y avait, sans formalités, qu'à lui dire ses intentions, qu'il irait encore au-delà et suppléerait lui-même à tout ce qu'il pourrait avoir oublié. Or une de ses intentions verbalement exprimées était que son corps fut déposé à Vallery auprès de celui de son père.

« Ce que le prince fit après cela pour s'acquitter de ses devoirs de religion, mériterait d'être connu de tout le monde, non à cause de ce qu'il y a de remarquable, mais à cause de ce qu'il y a de vrai et de simple. Sa confession fut humble, pleine de componction et de confiance en Dieu. A l'approche du saint-viatique, qu'il avait tant désiré, il arrêta pieusement ses regards sur ce doux objet, et se ressouvenant de toutes les fautes qu'il avait commises, et trop faible pour expliquer avec force ce qu'il en sentait, il emprunta la voix de son confesseur pour en demander pardon à ses domestiques, à ses amis, à ses parents, à tous...; tous les assistants fondaient en larmes. Il se fit répéter trois fois les prières des agonisants, y trouvant toujours de nouvelles consolations. » (Oraison fun.). « Je n'ai jamais douté, disait-il, des mystères de la religion, quoiqu'on en ait dit, mais maintenant j'en doute moins que jamais ; combien ces vérités se démêlent et s'éclaircissent dans mon esprit. Oui nous verrons Dieu comme il est, face à face, et il répétait ces paroles en latin, comme en les savourant avec un goût merveilleux. *Videbimus eum, sicuti est, facie ad faciem.* » (Oraison funèbre, Bossuet). C'est dans ces sentiments de foi et de piété dignes des saints que le Grand Condé rendit son âme à Dieu, le onze décembre 1686, à l'âge de 65 ans, trois mois et trois jours.

Son corps, après avoir été embaumé, fut comme il en avait manifesté le désir, transporté à Vallery et déposé dans le caveau de sa famille le 23ᵉ jour de décembre de la même année, après la récitation de l'office des morts, et la messe de *requiem*, célébrée pontificalement par Mgr Hardouin-Fortin de la Hoguette, nommé, mais non encore intronisé, archevêque de Sens, assisté de plusieurs chanoines, et de M. Dabon, curé-prieur de Vallery. Voici la copie de l'acte d'inhumation conforme à l'original qui se trouve au registre de catholicité de cette époque : « Aujourd'hui, 23ᵉ jour de décembre 1686, a été déposé dans le caveau et sépulture de Leurs Altesses Seigneuriales Messeigneurs les princes, sous le maître-autel de l'église parochiale de Vallery, le corps de très-haut, très-puissant et très excellent prince Monseigneur Louis de Bourbon, premier pair et grand-maître de France, généralissime et lieutenant général pour le Roi en ses provinces de Bourgogne et de Bresse, lequel est décédé au château de Fontainebleau, après avoir été administré de tous les sacrements par le sieur curé du dit lieu, le mercredi 11ᵉ jour des présents mois et an. A été conduit et présenté à la grande porte de l'église de Vallery par Monseigneur de la Roquette, Evesque d'Autun, et reçu par nous, Hardouin-Fortin de la Hoguette, Evesque de Poitiers, nommé par le roi à l'archevesché de Sens, assisté du sieur doyen, préchantre et de plusieurs chanoines de l'église métropolitaine de Sens, et du sieur prieur-curé de Vallery et ensuite déposé dans ladite sépulture après la récitation des prières et suffrages ordinaires et la messe par nous célébrée pontificalement. (Suivent les signatures des personnages ci-dessus mentionnés).

Un fils, Henri-Jules de Bourbon, et un petit-fils, Louis III de Bourbon, étaient seuls héritiers du nom, de la gloire et de la fortune du Grand Condé. Du vivant même de leur père, il semble qu'ils sont à dessein tenus à l'écart des affaires de l'État et du commandement des armées. Après sa mort cet abandon devient encore plus marqué. Ce n'est point que les talents et la bravoure fissent défaut aux deux jeunes princes. Ces qualités mêmes étaient peut-être ce qui inspirait à Louis XIV, inquiet, sur l'avenir de sa descendance, certaines appréhensions. Il ne pouvait oublier les inclinations ambitieuses et remuantes de cette branche cadette, c'est pourquoi il lui interdit désormais la faculté de se qualifier du titre de *Prince*, ne lui permettant que celui de *Duc*. Aussi à partir de cette époque, les requêtes, les procès-verbaux, les provisions de gardes, enfin toutes les pièces que nous trouvons dans les vieux papiers du greffe de Vallery adressées aux princes ou émanant d'eux ne portent plus que cette qualification *Monsieur le Duc*.

L'éloignement des affaires publiques leur procura des loisirs. Ils en profitèrent pour visiter leurs terres seigneuriales, y surveiller et stimuler le zèle de leurs officiers ou employés et y raviver leurs droits de hauts justiciers.

XVIII. — HENRI JULES DE CONDÉ A VALLERY. UNE REQUETE. UN PROCÈS DE CHASSE. RESTAURATION D'UN PILORI

Henri-Jules de Condé était devenu seigneur de Vallery à peu près à l'époque de son mariage avec Anne de Bavière, princesse palatine du Rhin. Le fait suivant est du moins une preuve évidente que le dit domaine seigneurial lui appartenait en l'an 1664.

A cette époque, un nommé Pierre Foultrier (ou Foutrier) possédait et habitait une maison sise dans la Grande-Rue du village de Vallery. Monseigneur le duc d'Enghien possédait aussi dans la même rue une habitation servant de logement à ses officiers ou employés. La maison de M. le Duc et celle du paysan étaient contiguës. Or ce dernier, pour se mettre plus au large, avait fait élever une construction sur la porte cochère de son immeuble donnant sur la Grande-Rue, et la pente du toit dont il se proposait de couvrir cette construction, allait déverser des eaux pluviales contre ou sur le mur de M. le Duc. Les officiers de celui-ci, prévoyant cet inconvénient, firent suspendre les travaux inachevés. Mais Pierre Foultrier ne se tient pas pour battu et, usant de ce proverbe qu'il est plus avantageux de s'adresser à Dieu qu'à ses saints, il présente directement sa requête à *Monseigneur le duc d'Anguin, sérénissime*, alors en villégiature au château de Vallery.

Après avoir exposé au prince la suspension des travaux ordonnée par ses officiers, « ce qui l'oblige lui, Foutrier Pierre, à importuner sa Grandeur, en lui présentant une requête », il continue dans son style plus compréhensible que correct, disant « lesquels officiers le suppliant a sollicité sur ce sujet
« aux offres qu'il a faict à présent, de faire faire un mur entre
« le bâtiment de Votre Altesse et celui qu'il prétend faire
« construire, mesme de faire poser une gouttière qui rece-
« vra tous les esgouts de l'un et l'autre bâtiment (1) si bien
« que celui de Votre Altesse ne souffrira aucun dom-
« mage. Ce considéré, mondit seigneur, le dit Foutrier supplie
« très humblement Votre Grandeur d'avoer la bonté de

(1) On appelle cela de nos jours un chêneau.

« lui permettre de faire parachever son petit bastiment
« ou de le démolir pour éviter la ruine des matériaux et
« du reste de la maison, dont ils sont fort menassés, et il
« continuera ses humbles prières à Dieu pour vostre pros-
« périté et santé. » Au bas de cette requête sont ces quelques
mots de la main de M. le Duc : « Soit la présente requête
« communiquée à nos officiers pour, eux ouïs, être ordonné
« ce que de raison, fait à Vallery, le 4 juillet 1664. (Signé)
« Henri Jules de Bourbon. » Un peu plus loin, à l'autre page,
on lit ! « Veu le rapport de nos officiers, nous avons permis
« au suppliant de faire achever son bastiment aux condi-
« tions portées par le rapport. Fait à Vallery, le cinquième
« de juillet 1664. » (Signature) Henri Jules de Bourbon.

Selon toutes les apparences, un des passe-temps les plus
ordinaires et les plus agréables aux princes séjournant à
Vallery devait être la chasse. Le gibier gros et menu y abon-
dait, les braconniers il est vrai, y abondaient de même ; et
malgré un nombreux personnel de gardes à pied et à cheval fonctionnant sous le commandement d'un capitaine,
ou d'un lieutenant, malgré les peines sévères dont les délits
de chasse étaient punis, l'attrait de la proie défendue l'em-
portait souvent sur la crainte du châtiment. Il s'en suivait
souvent des procès. Leur fréquence que j'ai constatée en
parcourant les papiers du greffe de la mairie de Vallery,
pendant le laps des années écoulées depuis 1660 jusqu'en
1700, annonce un redoublement de zèle et d'activité de
la part des gardes de leurs Altesses. Nous rapportons avec
détails l'un de ces procès parce qu'il nous a plus vivement
intéressé, vu les personnages qui s'y trouvent compromis.

Donc, un jour, c'était le 27 septembre 1670, Messire
Jean Boullé, garde des plaisirs de Son Altesse sérénissime,
« *estant sorti de sa demeure* vers l'heure de midi, pour faire
« sa tournée selon le debvoir de sa charge, du côté de Morepas
« (nom d'un climat), estant en chemin avait aperçu dans le

« lieu appelé la Davauldière, Seigneurie de Vallery, un homme
« à cheval et un peu plus loin, au lieu appelé la Butte, des
« hommes à pied ayant chacun un fusil et plusieurs chiens,
« tant lepvriers que chiens courants qui chassaient, ce que
« voyant, ajoute le garde dans son procès-verbal, j'aurais
« pressé le pas à l'intention de savoir qui estoient les per-
« sonnes qui chassoient cy hardiment et à l'instant, tant
« icelui homme de cheval, que yceulx de pié, se seraient
« retirés à grand'haste du costé de Chéroy (chef-lieu de
« canton) et moi de les poursuivre avecque toutes les dili-
« gences. Néanmoins, je n'ai pu en approcher, ni aborder
« aucuns sinon le sieur prieur-curé de Chéroy, qui estoit
« d'yceulx chasseurs, auquel je demandé en vertu de quoi
« lui et sa compagnie c'étaient ingérés de chasser ainsi,
« cy proche et mesme jusque sur la terre dudit Vallery
« appartenant à mondit Seigneur, lequel m'a fait réponse
« que ce avait été par ordre de Monsieur l'Archevesque
« de Sens qui avoit même envoyé ses lepvriers pour cet
« effaict, et que ceux qui estoient de sa compagnie étoient
« ses habitants (paroissiens). » Le garde raconte ensuite
qu'après informations prises auprès des particuliers, il a
constaté que les chasseurs de Chéroy avaient tué et pris
*deux liepvres. « Ce qu'ayant veu et appris au sujet de ce que
dessus il faict et dresse procès-verbal pour servir et valoir ainsi
que de raison. »* Les délinquants étaient de Chéroy ; une grande
partie du délit avait été consommée sur le territoire de
Chéroy ; cette localité relevait du Baillage de Nemours ; il
semblait donc que l'affaire dut être évoquée devant le
tribunal de cette ville. Il n'en fut point ainsi. Par ordonnance
de Mgr Henri Jules de Bourbon, le procès dut être *extraordinairement* instruit et jugé au Baillage de Vallery, et
tout aussitôt, dans les jours qui suivirent immédiatement
il fut prononcé sur le faict délictueux.

Une sentence du bailli de Vallery, du 1er octobre suivant,

condamne chacun des chasseurs *et solidairement* à 20 livres d'amende et aux dépens avec défense de plus récidiver sous de plus grandes peines. Les chasseurs étaient au nombre de dix non compris le prieur-curé, à savoir : Vincent Hubert, Pierre Desnoilliers, l'aîné, François Arthur, Etienne Pissot, Gabriel Poignot, Claude Guillaume, Constantin Chéreau, Vincent Desforges, François de Lormet, domiciliés à Chéroy et Antoine Chevallier demeurant à Montargis. Quant au prieur-curé on ne voit pas qu'il soit compris dans la condamnation, probablement parce qu'il n'était justiciable que de ses pairs. Dans ce cas, il dut comparaître devant l'officialité de Sens. Mais comme c'était avec l'autorisation de Mgr l'Archevêque de Sens qu'il s'était compromis, la sentence portée contre lui, si sentence il y eut, ne fut, j'imagine, pas très sévère.

Nous avons dit que les seigneurs de Vallery étaient hauts justiciers. Le signe extérieur du droit de haute justice, dont le châtelain jouissait dans un lieu, était l'existence dans ce lieu d'un pilori marqué aux armes de ce châtelain. Ce pilori était une colonne de pierre ou un poteau de bois solidement établi en sens vertical et muni d'un collier de fer ou carcan et de chaînes de fer. Les concussionnaires, c'est-à-dire ceux qui avaient extorqué de l'argent en vertu de leur autorité officielle, ou les banqueroutiers frauduleux étaient spécialement passibles de la peine infamante du pilori. Le temps que durait ce châtiment était de deux heures au plus. En réalité, la peine du pilori était plus humiliante que douloureuse. Or, un instrument de ce genre avait disparu depuis plusieurs années dans un petit fief dépendant de la seigneurie de Vallery, du nom de Saint-Georges, situé entre Dollot et Villebougis. Le temps l'avait insensiblement détruit et, jusqu'en 1672, sa destruction était passée inaperçue. En cette année, il fut procédé à son rétablissement comme en témoigne la pièce suivante que

nous copions textuellement : « Ce jourd'huy lundy vingt-cin-
« quiesme jour du mois d'avril mil six cent-soixante-douze,
« heure d'une heure de relevée, nous Blaise Pelée, licentié
« ès-loix, advocat bailly au Baillage, Chatellenie et Comté
« de Vallery, assisté de mon greffier ordinaire, est comparu
« le procureur fiscal au dit baillage, lequel nous a dit et
« remontré que Son Altesse Sérénissime le Duc d'Enghien
« a tout droit de haute justice dans ce lieu de Saint-Georges,
« en signe de quoy et pour marque de la dite justice, y a eu
« de tout temps un pilory planté dans la place du dit lieu
« de Saint-George, où estoient gravées les armes des sei-
« gneurs du Comté de Vallery, mais que depuis quelques
« années, le dit pilory est tombé en ruines.

« Son Altesse Sérénissime a donné la requête à M. le
« Bailly de Sens par lequel, sur les conclusions et du consen-
« tement de M. le Procureur du Roy au dit baillage, il lui
« a été permis à partir de ce jourd'huy de faire relever et
« planter de nouveau le dit pilory dans le lieu et place ordi-
« naire de Saint-Georges, où y avait ci-devant un pilory,
« sur lequel estoient gravées les armes de Son Altesse Séré-
« nissime, nous avons fait fouir la terre dans le dit endroit
« où il s'est trouvé à deux ou trois pieds de terre, le tronc
« de l'ancien pilory, de longueur d'un pied et demi, lequel
« avons fait tirer, et iceluy mis en la charge de garde de
« Léonard Boullé, garde de Son Altesse Sérénissime et
« ensuite avons fait planter le nouveau pilory, construit
« aux frais de Son Altesse Sérénissime, dans la dite place
« où estoit le précédent pilory, où sont gravées les armes
« de sa dite Altesse Sérénissime à l'aspect de la chapelle
« du dit Saint-Georges, de la fondation de Son Altesse Séré-
« nissime dont nous avons fait acte pour servir et valoir ce
« que de raison.

« Faict par nous juge bailly susdit, assisté que dessus, les
« an, jour et lieu susdits, où estoient le sieur Pierre de la

« Margnière, lieutenant des chasses au Comté de Vallery,
« le Sieur Pierre Blenon, receveur général audit Comté et
« autres officiers et gardes du dit Vallery qui ont signé. »
Suivent les signatures (1).

Henri-Jules de Bourbon-Condé, ayant, en sa qualité de fils unique, hérité de tous les biens de son père, après la mort de celui-ci, donna sa préférence à Chantilly et céda la seigneurie de Vallery à son fils Louis III (de Bourbon-Condé) connu généralement sous le nom de *Monsieur le Duc*.

XIX. — LOUIS III DE BOURBON-CONDÉ
A VALLERY
DON ET BÉNÉDICTION DE DEUX CLOCHES

Jusqu'à lui les offices de la paroisse de Vallery ne s'étaient annoncés que par le son de deux cloches. M. le Duc et Mme la Duchesse voulant donner *à leurs paroissiens et subjects de Vallery* une marque durable de leur bienveillance, dotèrent l'église de deux autres cloches. Elles furent baptisées (ou bénites) le 13 décembre 1695 et sans nul doute, la fête de Noël suivante les trouva disposées à faire entendre du haut du modeste clocher leur premier et joyeux carillon. Le parrain et la marraine des dites cloches furent les donateurs eux-mêmes, à savoir : très haut, très puissant et très excellent prince Monseigneur Louis duc de Bourbon-Condé, prince du sang, et Madame Louise Françoise, légitimée de France, princesse du sang, épouse de mondit seigneur. Les dites cloches ont été nommées Louise et Françoise.

(1) Au village de Vallery, le pilory s'élevait menaçant sur la place dite du Grand-Carrefour.

Ces cloches, avec les deux autres, plus anciennes, disparurent dans la tourmente révolutionnaire de 1793; Henri Jules et Louis II de Bourbon-Condé furent tous deux inhumés à Vallery, l'un le 18 avril 1709, l'autre l'année suivante, 1710, dans le courant de mars. Ce furent les derniers membres de cette famille princière dont les restes mortels furent confiés au caveau sépulcral de l'église de cette paroisse.

Grande Inscription

Sur dalle en marbre noir placée devant le maître autel de l'Eglise de Vallery, par les soins et aux frais de Monseigneur le Duc d'Aumale (filleul du dernier des Condé) en 1854.

Ici Reposent
Dans l'attente de la résurrection glorieuse
très hauts, très puissants et
très magnanimes princes et seigneurs
† *Henri Ier de Bourbon, prince de Condé*
Duc d'Enghien
Né le 29 Décembre 1552
Mort à Saint-Jean-d'Angély
le 5 Mars 1588.
† *Louis et Benjamin de Bourbon*
fils de Louis Ier prince de Condé.
† *Éléonore de Bourbon*
fille de Henri Ier prince de Condé.
Epouse de Philippe Guillaume de Nassav,
prince d'Orange
Morte en 1619.
† *Henri II prince de Condé*
Premier prince du sang
Pair et grand Maître de France
Né de Henri Ier le 1er Septembre 1588

Mort le 26 décembre 1646.

† Louis Armand de Bourbon
Prince de Condé
Petit fils de Henri II né en 1661
Mort le 9 novembre 1685.

† Louis II de Bourbon prince de Condé
Duc d'Enghien, surnommé
Le Grand Condé
Né de Henri II le 8 septembre 1621
Mort le 11 décembre 1686.

† Henri Jules de Bourbon, prince de Condé
Pair et grand Maître de France
Né du Grand Condé le 29 Juillet 1643
Marié à Anne de Bavière Palatine du Rhin
Mort le 1ᵉʳ avril 1709.

Cinq enfants de ce prince, savoir :

† Louis de Bourbon son fils aîné
Mort le 5 juillet âgé de 22 mois, en 1670.

† Louis de Bourbon comte de Clermont
Mort le 6 juin 1675 *âgé de 5 ans.*

† Louis de Bourbon comte de la Marche
Mort le 21 février 1677.

† Mademoiselle de Clermont
Morte le 17 septembre 1680 *âgée de 14 mois.*

† Louis III duc de Bourbon, *né le 11 octobre* 1668
Marié à Louise légitimée de France
Mort le 4 mars 1710.

Corpora ipsorum in pace sepulta sunt
et nomen corum Vivit in generationem
et generationem (Ecclesiast. Chap. XLIV, 14).

XX. — LES DERNIERS CONDÉ

Quoique cela paraisse un hors-d'œuvre, nous éprouvons le besoin de suivre jusqu'au bout la généalogie de cette famille princière dont les plus illustres membres ont confié leurs os à l'église de Vallery.

Louis III de Condé quoique mort jeune (42 ans), laissait beaucoup d'enfants ; nous n'en connaissons bien que deux : Louis-Henri de Bourbon, connu, comme son père, sous le nom de M. le Duc. Il n'est guère célèbre que par son impopularité pendant les quelques années qu'il tint les rênes du gouvernement au début du règne de Louis XV ; par ses liaisons scandaleuses avec la marquise de Prie, et par la fortune colossale qu'il sut acquérir en se mêlant aux agiotages financiers du fameux banquier Law. Mademoiselle Elisabeth-Alexandrine de Bourbon, qui fut héritière de la châtellenie de Vallery, et dont nous parlerons plus loin, était sa sœur et la dernière des enfants de Louis III, petit-fils du grand Condé.

Louis Henri de Bourbon eut de son mariage avec la princesse Caroline de Hesse Rheinfels, un fils unique nommé Louis Joseph, qui fut comme ses ancêtres d'une grande bravoure sur les champs de bataille. C'est lui qui se mit à la tête des émigrés pendant les jours néfastes de la grande révolution. Revenu en France avec les survivants de ses compagnons d'armes, il mourut à Chantilly en 1818.

Louis Joseph de Bourbon-Condé eut de son mariage avec Godefride de Rohan-Soubise, Louis Henri Joseph qui se maria fort jeune (16 à 17 ans) avec sa parente Bathilde d'Orléans âgée de 6 ans de plus que lui. Il eut de cette légitime, mais trop hâtive union, dont la rupture fit ensuite du scandale, deux enfants : 1° Mlle Louise de Bourbon-Condé née à Chantilly, le 5 octobre 1757 et morte religieuse bénédictine de l'Adoration perpétuelle du Saint-Sacrement à Paris, au Monastère du Temple, le 10 mars 1824 ; 2º Louis Antoine de Bourbon-Condé, plus connu sous le nom de Duc d'Enghien, né en 1772, mort fusillé inhumainement à 3 heures du matin, le 21 mars an XII de la première République (1804) par ordre du premier consul Napoléon Bonaparte.

Son père Louis-Henri-Joseph, d'une nature indolente et sensuelle, se laissa enlacer dans les filets d'une aventurière nommée Sophie Dawes, Anglaise de nation, mariée au baron de Feuchères, qui, outré de son inconduite, la quitta. Le malheureux duc, devenu l'esclave de son intrigante maîtresse, lassé à la fin de ce honteux asservissement, songeait, dit-on, à s'y soustraire, quand, le matin du 27 août 1830, il fut trouvé pendu à l'espagnolette d'une des fenêtres de sa chambre à coucher en son château de Saint-Leu (Seine-et-Oise). Y avait-il assassinat ? Y avait-il suicide ? L'enquête qui eut lieu à ce sujet ne fournit que des preuves insuffisantes à l'éclaircissement de ces deux questions.

En lui s'éteignit d'une façon bien humiliante le dernier vivant de cette famille princière, dont la résidence à Vallery, quoiqu'intermittente et momentanée, répandit sur ce modeste village un reflet d'illustration.

XXI. — MADEMOISELLE ELISABETH DE BOURBON-CONDÉ RUINÉE, VEND SON DOMAINE DE VALLERY

La fortune de Louis III de Bourbon-Condé, mort en 1710, resta indivise jusqu'en 1717. Pendant les sept années qui s'écoulèrent avant la liquidation définitive de sa succession, le gouvernement de ses biens et particulièrement de la

Châtellenie de Vallery laisse beaucoup à désirer. Louis-Henri de Condé, l'aîné du défunt, appelé naturellement à veiller aux intérêts qui la concernent, absorbé par d'autres soucis, s'en occupe fort peu. Nous voyons bien, en 1715, Messire Charles Davisson, Chevalier seigneur de Nouville et autres lieux, accrédité auprès du bailli de Vallery, par un diplôme en règle de capitaine des chasses et de gouverneur du Comté de Vallery, et un sieur Savinien Leriche, bourgeois de Paris et y demeurant, fondé de pouvoir de M. le Duc, en qualité de régisseur et receveur de la terre de Vallery. Mais ces chargés d'affaires parcimonieux de leur dérangement personnel, abandonnent la besogne journalière à des subalternes, qui, eux-mêmes, n'en prennent qu'à leur aise. Aussi, les campagnards dont les habitations sont dans le voisinage des bois, comptant sur la négligence des gardes ne se font point scrupule de s'y approvisionner gratuitement. Le château n'est point lui-même à l'abri du pillage. Une certaine veuve Benoist, dont le mari avait été concierge, et qui, elle-même, y avait conservé cet emploi, est *sérieusement* accusée de vols de tapis, de serviettes, de meubles, qu'un charretier, son complice, emmenait vendre à Montereau. Outre ces objets, des témoins déclarent avoir vu dans la voiture du dit charretier, la cloche enlevée de la chapelle Saint-Marc, existant alors au hameau appelé la Justice (archives du greffe de Vallery).

Telle était la situation administrative de la Châtellenie de Vallery, quand en 1727, dans le partage des biens qui eut lieu entre les enfants de Louis III de Condé, elle *eschut* à Mlle Elisabeth-Alexandrine de Bourbon-Condé, communément appelée par la suite, Mademoiselle de Sens.

Cette princesse était encore enfant quand elle perdit son père. Son éducation première ne put donc pas être dirigée avec la fermeté que la vigilance paternelle aurait exercée sur les personnes qui en furent chargées. Sa jeunesse se passa au milieu d'une société dont la légèreté et le relâchement des mœurs étaient déplorables. Elle en subit l'influence d'autant plus impérieusement que *l'exemple partait de haut.* Maîtrisée par une passion insensée, elle épuisa toutes ses ressources et anticipa tous ses revenus, pour fournir au luxe et aux folles dépenses de celui qu'elle aimait. Sa dilapidation fut telle que pour se procurer quelque argent, elle fit démolir l'aile du château de Vallery qui regardait le nord et en vendit les matériaux. Enfin, écrasée de dettes, elle se détermina à mettre en vente en 1747 le domaine où reposait *la cendre* de ses glorieux ancêtres. Un acquéreur se présenta, Messire Jacques-René Cordier de Launay, chevalier, seigneur de la Verrière, contrôleur des chevau-légers de la Garde du Roi, ci-devant trésorier général de l'extraordinaire des guerres, *conjointement et solidairement* avec Dame Anne Thérèse de Croëzer, son épouse, tous deux domiciliés à Paris, rue Neuve du Luxembourg, paroisse de la Magdeleine de la Ville l'Evesque.

Le domaine de Vallery (terres, seigneurie, comté et châtellenie), avec toutes ses dépendances et mouvances, nobles ou non nobles, consistait en un château tout meublé, en trois fermes, l'une à Vallery, l'autre au Mesnil, sur Dollot, l'autre à la Bonneau, paroisse de Villethierry, et en d'autres terres labourables, louées séparément, en douze cents arpents, ou environ de bois disséminés en divers territoires, y compris le parc, en quatre moulins tournants, sur la rivière d'Orvanne, en cent soixante arpents environ de bas-prés, en deux potagers enclos de murs dont un était autrefois le *jeu de paume,* enfin, divers endroits féodaux s'étendant sur plus de trente fiefs ou arrière-fiefs.

Toutefois, ce n'était pas sans scrupules, ni sans remords que Mlle Elisabeth, toute lancée qu'elle fût dans le tumulte étourdissant d'une vie déréglée, se résolut à abandonner à des mains étrangères le lieu de sépulture de sa famille.

Donc, pour satisfaire à l'honneur et rassurer sa conscience, elle expose ses sentiments sur ce grave sujet au futur acquéreur M. René Cordier de Launay, et dût le prix de vente être moins avantageux, elle exprime toutes ses réserves relativement à la susdite sépulture et aux clauses du testament de Henri II du 26 décembre 1646. L'acquéreur consent à s'y conformer et le notaire les insère dans l'acte de vente dont nous ne donnons qu'un court résumé.

Selon la teneur de cet acte, M. et Mme de Launay se rendent acquéreurs du domaine de Vallery pour la somme de deux cent quatre-vingt cinq mille livres, dont « cinq mille livres pour les droits, *quint et requint, champart, rachapts* et autres droits, profits et casuels et pour matériaux et autres effets mobiliers et deux cent quatre-vingt mille livres pour le principal immobilier. » Mademoiselle reconnaissant avoir reçu les cinq mille livres pour cession des susdits droits et objets mobiliers, M. et Mme de Launay s'engagent « solidairement à payer à Son Altesse Sérénissime Mlle Elisabeth Alexandrine de Bourbon-Condé, à son hôtel, à Paris, ou au porteur, aussitôt que toutes les formalités requises pour valider la vente auront garanti la propriété au sieur et dame de Launay, la susdite somme principale de deux cent quatre vingt mille livres (ou francs) et en attendant ce paiement définitif, ils serviront à Son Altesse Sérénissime, l'intérêt de cette somme au denier vingt, à partir du 1er du présent mois. Or le contrat de vente est daté du 12 novembre 1747, après-midi.

Mademoiselle Elisabeth s'y réserve pour elle et sa maison le droit « de retirer et reprendre quand bon lui semblera, la représentation en marbre du prince Henri II son bisaïeul », qui est sur le haut du mausolée dans l'église de Vallery et de « faire enlever du caveau seigneurial les cercueils qui renferment les princes et princesses ses ancêtres. M. et Mme de Launay s'y obligent, *eux et leurs hoirs* (héritiers) *solidaire-*

rement, l'un pour l'autre un seul pour le tout, à exécuter *toutes les dispositions portées au testament du prince Henri de Bourbon, second du nom, reçu par Saint-Waast et Legay, notaires à Paris, le 26 décembre* 1646.

XXII. — TIRAILLEMENT AU SUJET DE L'EXÉCUTION DU TESTAMENT DE HENRI II

Les charges dont le prince Henri II de Bourbon-Condé a, par ledit testament, grevé ses biens à perpétuité et que M. et Mme de Launay se sont, eux et leurs *hoirs*, obligés à acquitter sont : 1º Une rente annuelle de 300 livres à chacun des trois chapelains qui devront pourvoir à la célébration quotidienne de la messe selon l'intention du testateur ; 2º 150 livres devant être annuellement payées à M. le prieur-curé pour se faire aider d'un vicaire ; 3º enfin 50 livres devant être affectées chaque année à la toiture et entretien de l'église le tout se « *montant à onze cents livres de rente à prendre sur tous et chacun de ses biens* ». Or, malgré ses engagements formels, M. René Cordier de Launay n'en vint pas sans difficultés à leur exécution.

Il refuse d'abord de remettre entre les mains des marguillers, ou administrateurs des deniers de l'église, les 50 livres de rente annuelle destinées à l'entretien de la maison de Dieu. Il argue de l'exemple des princes héritiers. Ceux-ci, objecte-t-il, ne payaient point cette rente, mais l'employaient au profit de l'église, en tout ou en partie comme bon leur semblait. Il prétend donc continuer de même de disposer à sa guise des dites cinquante livres. Les marguillers consultent un homme de loi dont la réponse écrite conclut que l'église a le droit de jouir de la dite somme et que les marguillers étant les *économes légaux* de la dite église, eux seuls ont le pouvoir légalement reconnu de gérer ses intérêts temporels et, dans le cas en question, de disposer de la somme léguée en, faveur de l'église, selon que le besoin s'en fera sentir, sauf par eux *être fait un exposé de l'emploi de la dite somme aux payants s'ils l'exigent*. Enfin, après *dix-huit ans* environ de réclamations intermittentes M. de Launay, contraint par l'évidence du droit, s'acquitta envers la fabrique de Vallery d'un arriéré de 840 livres 12 sols. (Compte établi en 1765. Archives de la préfecture de l'Yonne.)

L'acquittement de la rente des chapelains et du vicaire fut encore moins bien exécuté, peut-être, parce que l'autorité ecclésiastique y apporta moins d'insistance. En partant de l'année 1752, époque du partage des biens de Louis III de Condé jusqu'en l'année 1752, époque à laquelle M. de Launay semble se décider à mettre à son budget de dépense le traitement de *deux chapelains*, nous ne trouvons à Vallery, après M. Sisset, seul chapelain disparu en 1729, que la trace d'un unique chapelain, M. Buquet qui, lui-même, disparaît après quelques mois de résidence. Donc Mlle de Sens (Elisabeth de Bourbon-Condé) entraînée dans des dissipations de toute nature, négligeait, comme beaucoup d'autres, ce devoir sacré de la célébration des messes selon l'intention de son bisaïeul. Depuis plus de cinquante ans, on ne voit plus de vicaire. Quelques religieux, chanoines réguliers, Dominicains, Cordeliers ou autres, envoyés de Sens, ne font à Vallery que de courtes apparitions et ne prennent au bas des pièces qu'ils signent, ni le titre de chapelain, ni celui de vicaire. Ils ne sont sans doute venus que pour prêter leur concours momentané au prieur-curé qui, le plus souvent, se fait aider ou remplacer quand il est indisposé ou absent par ses confrères, les curés voisins.

Au moment où M. de Launay entre en possession de la erre de Vallery, les clauses du testament de Henri II n'étaient donc pas fidèlement exécutées, même par les descendants du testateur. D'ailleurs, la somme allouée pour l'entretien de trois chapelains et d'un vicaire, par suite de l'augmentation des choses nécessaires à la vie, était devenue notoirement insuffisante. Or, le nouveau propriétaire, voulant user à son profit, comme d'une sorte de prescription, de ce désarroi de la fondation du prince, l'aggrave en le continuant, et plutôt que de faire le possible, selon les minces ressources du legs, il s'en tient à la situation présente.

En 1751, M. Claude de Fougère, prieur-curé de Vallery, s'en ouvre dans une lettre à Mgr Languet, archevêque de Sens. Il se plaint de ce que M. de Launay, *son seigneur, quoiqu'ayant de l'argent, ne paie pas la rente léguée par le prince. Il sera en retard,* ajoute-t-il, *de 4.900 francs aux Pasques de* 1752. Il insinue à sa Grandeur que le clocher de Vallery étant par trop modeste pour la paroisse, si l'on pouvait recouvrer cet arriéré on s'en servirait à en bâtir un autre, vu *que les paroissiens de Vallery sont trop pauvres* pour en faire eux-mêmes les frais. Monsieur le prieur supplie donc Mgr l'Archevêque d'intervenir auprès de M. de Launay afin qu'un jour *la fabrique* ne se trouve pas dans *la malheureuse* nécessité de faire saisir sa terre. Il demande en outre, avant de terminer sa lettre, à Mgr l'Archevêque : *de le ménager* auprès de M. de Launay, *car il est toujours disgracieux,* dit-il, *d'être en butte à son seigneur.* (Archives départementales.)

L'affaire n'eut point l'issue que désirait M. le Prieur. Nous le savons positivement par une déclaration faite à la municipalité de Vallery, en 1790, par un chapelain de cette époque. Cette déclaration nous fait connaître « qu'en 1751, le douze avril, ne pouvant faire exécuter la fondation de Henri II de Bourbon-Condé, à cause de la modicité de la rétribution qui estoit insuffisante pour l'entretien et la nourriture de quatre prestres (3 chapelains et un vicaire), le Conseil des princes de Condé les réduisit à deux, à chacun desquels il destinait 500 livres par an, et les 50 livres restant pour l'entretien de la chapelle (linges, ornements, calice, etc., etc.) du dit prince. Qu'en 1752, Mgr l'Archevesque de Sens proposa de lui donner requeste à l'effet de consentir à la dite réduction en sa qualité de représentant de l'autorité religieuse, prétendant que sans son consentement, cette réduction ne pouvait être certaine. Après qu'il en fut délibéré, le dit Conseil des Princes fut unanimement d'avis que, ne s'agissant que d'une *fondation purement laïque*, on ne devait point donner requeste à Mgr l'Archevesque de Sens, dont le consentement n'était pas nécessaire, celui des princes tout seul requis est suffisant. Les expéditions originales de cette réduction furent annexées à la minute de l'arrêt du Parlement du 18 janvier 1765. »

La proposition de Mgr l'Archevêque de Sens au sujet de la réduction susdite était très fondée. Aux termes du chapitre IV session XXV (*de reformatione*), du Concile de Trente, les Evêques en Sinode diocésain sont seuls compétents pour ces sortes de réductions. Comment, d'ailleurs, peut-on affirmer qu'une fondation où il s'agit de messes et en vertu de laquelle quatre prêtres sont appelés à fonctionner, est purement laïque? Le Conseil des princes et le Parlement, sous l'influence des idées régnantes, font bon marché du droit canonique et du Concile de Trente.

D'après cette décision, M. de Launay, se croyant en sûreté, de conscience, se regarde désormais comme légitime collateur des deux titulaires de la chapellenie de Vallery et ne se met point en peine de rembourser l'arriéré de la rente accumulée depuis plusieurs années. Et c'est ainsi que les espérances d'une reconstruction du clocher s'évanouissent dans l'esprit de M. le Prieur Claude de Fougère.

L'Ancien Clocher — VALLERY — Le Nouveau Presbytère

XXIII. — PAROISSE DE VALLERY, REGISTRES DE CATHOLICITÉ JUSQU'AU 31 DÉCEMBRE 1792.

En 1539, une ordonnance de François Ier prescrit l'établissement, dans toutes les paroisses de France, de registres destinés à constater les naissances et les décès. Une assemblée des Etats en 1576 y ajouta la constatation des mariages. Ces registres, d'après ladite ordonnance, doivent être tenus par les curés. Devant enregistrer l'arrivée de chacun à la vie sociale ils enregistreront en même temps la naissance à la vie surnaturelle de la grâce sanctifiante, je veux dire *le baptême* : comme ils représentent l'Eglise à l'union des époux et président en vertu de leur dignité sacerdotale aux funérailles des chrétiens, le législateur trouva très simple de les charger de ce qui, dans ces circonstances, peut concerner l'ordre public. Les curés ne se pressèrent pas tous d'obéir. On rencontre nombre de paroisses rurales où ces registres ne remontent pas plus loin que 1600. A Vallery, le plus ancien est de 1618. Ceux qui existent ont été mal conservés. Depuis 1792, époque à laquelle ils ont été transportés à la mairie, ils ont séjourné longtemps dans un vieux bahut d'armoire placé dans un coin de chambre humide. Quand on les en retira pour les relier, comme ils le sont actuellement, on trouva endommagée par la pourriture la partie du papier qui touchait au dos du meuble. Ils sont écrits d'une façon peu lisible. Maintes fois, la signature du prieur-curé ou de celui qui le remplace manque. Il y a de temps en temps des lacunes dans la suite des années. La formule d'inscription varie suivant la disposition d'esprit du rédacteur ;

l'une abonde en détails que le chercheur lit avec plaisir, l'autre est d'une brièveté désespérante. Un papier de tout format est employé jusqu'à ce qu'enfin l'administration centrale, vers l'année 1673, prit le parti d'envoyer des feuilles d'une dimension uniforme, timbrées, cotées, paraphées et coûtant deux sols la feuille.

Le double, ou selon l'expression technique de l'*ordonnance royale*, la *grosse* de ces registres doit être envoyée chaque année avant le 15 février *qui suit la clôture* du registre, au greffe du siège présidial, et la *minute* doit rester aux archives de la paroisse.

L'exactitude relativement à cet envoi fait parfois défaut. Une note de la main de Messire de la Cavalerie et de Majurac, conseiller du Roi, seul président au Baillage et lieutenant général au siège présidial de Sens, réclame au sieur curé de Vallery, en 1732, *l'envoi* des années 1722, 23, 26, 27, 28, 29 et 30, dont la grosse n'a pas été déposée conformément à la loi.

Cette note spéciale pour Vallery est écrite à la main au bas d'un avertissement de 1732, imprimé et par conséquent ayant un caractère de généralité. Le dit avertissement rappelle à chaque curé qu'il doit publier au prône « *l'Edit de
« Henri II* (roi de France) *au sujet des filles et des femmes qui
« cèlent leur grossesse* et en même temps d'avoir à rapporter
« avant le 15 février de l'année qui suit la clôture du Regis-
« tre, au secrétariat du procureur au baillage et officialité
« de Sens, le double du registre et cela pour satisfaire à l'arti-
« cle XI du titre 20 d'une ordonnance royale de 1667, *à peine
« pour ledit curé d'être contraint par saisie de son temporel
« et en 20 livres d'amende contre les marguilliers.* » Le greffier ou secrétaire a droit à quelques sols pour chaque réception de registre. En 1776 encore un avertissement aux rédacteurs négligents des registres de paroisse, leur remettant en mémoire celui de 1732, puis les invitant à écrire tous les

actes lisiblement, à les formuler en deux exemplaires, à les signer et faire signer sur-le-champ (archives de la mairie). Le peu de soin et d'exactitude dans la rédaction et envoi des susdits registres fut le prétexte, sinon le vrai motif qui en fit retirer la charge à Messieurs les Curés. Le dernier registre civil et religieux tenu par M. Toussaint Bonaventure Tuaud, curé-prieur de Vallery, se termine comme suit :

« Clos et arrêté à Vallery ce trente-un décembre mil sept-cents quatre ving-douze l'an première de la République « françoise par nous maire et officiers municipaux y pré- « sents (signatures), Jambon, maire, Bénard, Hachet, officiers municipaux, Bonnevet, procureur de la commune, Tourlier, secrétaire. »

XXIV. — EN PARCOURANT LES SUSDITS REGISTRES

Le onze avril 1710, M. le prieur-curé de Vallery accorde les honneurs de la sépulture chrétienne à une femme trouvée morte dans une grange à la Justice (hameau de la paroisse). La rédaction de cet acte d'inhumation est d'un laconisme déconcertant.

En 1734 dans la première quinzaine d'avril, l'église de Vallery est interdite, c'est-à-dire que l'autorité diocésaine, représentée à Sens par Mgr Languet, défend d'y célébrer le culte divin. D'après la Théologie un interdit local, comme celui dont il s'agit ici, n'est infligé qu'à la suite d'une faute grave commise dans le lieu saint, et dont toute la communauté ou paroisse semble directement ou indirectement responsable. Il est imposé ordinairement à une église en signe de pénitence et comme réparation pour quelque scandale ou quelque grave insulte faite à Dieu dans sa demeure (*ui signum mœroris vel reparationem gravissimœ injuriœ Deo irrogatœ*) (St-Liguori). Ce châtiment ne fut pas de longue durée ; seulement d'un dimanche à un autre. Le samedi 17 avril M. Ferrand, doyen rural de Dollot, est délégué par Mgr l'Archevêque de Sens pour procéder à la réconciliation et bénédiction de l'église de Vallery. Ce qu'il fait, assisté de M. le prieur-curé en présence des paroissiens accourus en foule. Le narrateur de cet incident paroissial peu ordinaire, ne dit rien du fait qui en fut cause.

Le 13 mai 1750, Philippe Landry, garçon charpentier, natif de Nemours, se tue par la chute d'une partie d'un plancher du château sur lequel il travaillait. Ses parents, mandés, arrivent et ne veulent point s'en retourner sans avoir assisté à ses funérailles. Le procureur fiscal, sorte d'agent de police et en même temps d'accusateur public près de la justice seigneuriale, devait faire son rapport sur ce décès par accident. M. le prieur de Vallery attend ce rapport pour procéder à l'inhumation. Mais Messire Retrou, alors procureur fiscal du lieu, y a mis de la négligence; à la fin, *touché par les prières des parents et vu l'état du cadavre qui commençait à sentir mauvais*, M. le prieur passe outre et fait la cérémonie de l'enterrement sans le rapport du dit procureur.

Dans la même année, le 30 juillet, le nommé Edme Grillot, garçon couvreur, est encore victime d'un accident. Il tombe du haut du toit du château et se tue. Cette fois, le procureur fiscal s'est hâté de formuler son rapport. Une admonition de ses supérieurs avait réveillé son zèle ; aussi l'inhumation ne souffrit point de retard.

Dans le milieu de ce même mois de juillet, la découverte d'un corps humain, inanimé, gisant dans le Bois des *Cent-arpents*, et portant des traces de blessures graves, ayant causé la mort, jeta du noir dans les imaginations des habitants de Vallery. Le procureur fiscal averti, le fit transporter dans une maison voisine du greffe. Pour le moment, du moins, l'identité du défunt demeure inconnue. Messire Martin, maître chirurgien à Vallery, assisté de Messire Robin, également maître chirurgien à Chéroy, chargés de l'examen du cadavre, constatent qu'il y a assassinat. Après cela, Louis Prully, lieutenant *au baillage, chatellenie et comté de Vallery, ordonne que le dit corps soit inhumé en terre sainte* ; à l'effet de quoi *le sieur curé ou autre prêtre de son consentement en demeure déchargé.* Ensuite, un huissier Jean-Nicolas Collin signifie cette décision au sieur curé *parlant à sa personne.*

Je remarque que la naissance et le baptême des enfants, sont toujours enregistrés le même jour, à la même date, Aussitôt né, aussitôt l'enfant est baptisé. Il y avait sans doute une sorte de nécessité légale d'en agir ainsi puisque l'acte de baptême devait servir d'acte de naissance. C'était vraiment une heureuse nécessité que celle qui obligeait les parents à faire entrer leurs enfants dès le début de la vie dans la *communion* ou association des saints, à les rendre par ce moyen, participants des nombreuses grâces qui en découlent et surtout à les prémunir contre le danger de mourir sans être baptisés. Les pères et mères actuels se sont, hélas, bien relachés de cette salutaire pratique.

En lisant les actes de décès, je constate que tous les adultes, à moins qu'ils ne soient surpris par une mort subite, ne s'en vont jamais de ce monde que *munis des sacrements de l'Eglise.* Quand une mort inopinée les a emportés, comme leur vie est un sûr garant des dispositions où la mort les a trouvés, cette formule habituelle : *Décédé* (ou décédée) *dans la communion de l'Eglise* rend témoignage de leur fidélité à la foi catholique. L'idée du contraste des mourants actuels à Vallery avec les mourants d'autrefois ne laisse pas que de nous causer une profonde tristesse.

Voulant me renseigner sur le chiffre approximatif de la population du village de Vallery pendant les années écoulées depuis 1618 jusqu'en 1792 j'ai additionné les naissances et les décès de dix années prises au hasard pendant ce laps de temps et j'ai trouvé ce total : 280 naissances et 273 décès. Il s'en suivrait que la moyenne des naissances pendant le dit espace de temps est de 28 par an, et la moyenne annuelle des décès de 27 3/10.

Or, dix années des temps actuels ne donnant que 165 naissances et 153 décès dont la moyenne de chaque année est de 16 5/10 pour les naissances et de 15 3/10 pour les décès, j'ai cru pouvoir en conclure qu'avant la révolution, il ne s'en manquait guère que d'un quart que la population de Vallery ne fût le double d'aujourd'hui, c'est-à-dire de onze à douze cents habitants, bourg et hameaux compris.

En ce temps-là, les mariages étaient plus féconds que de nos jours. Les registres on font foi. Vallery, d'autre part, tirait de sa prérogative de chef-lieu de comté une importance qu'il n'a plus. Le château princier, sinon habité, du moins visité de temps en temps par de hauts et riches personnages dont les séjours y étaient intermittents selon que le réclamaient leurs intérêts, communiquait au pays une certaine animation, y attirait des fournisseurs et des ouvriers de divers corps d'état. Un nombreux personnel de serviteurs y étaient employés. A côté de la noblesse, il y avait une petite bourgeoisie qui avait soin de faire précéder son nom du titre d'honorable homme, ou discrète personne.

L'exercice de l'attribut des hauts-justiciers des puissants seigneurs de Vallery, y nécessitait l'existence d'un tribunal auquel était attaché un bailli et un suppléant du bailli ou lieutenant, le premier pour les causes importantes, le second pour les affaires moindres, avec accompagnement de greffier, de procureur fiscal, d'huissier ou sergent. Les plaideurs arrivaient donc à certains jours avec leur cortège de témoins à charge ou à décharge et de défenseurs. Quand parfois la cause était compliquée, et que l'état de fortune du client faisait augurer une bonne aubaine, ce dernier était fièrement flanqué de *procureurs advocats au parlement de Paris et licentiés ès loix...* Je m'arrête sortant d'un rêve dans lequel j'ai cru voir Vallery petite ville.

XXV. — PRIEURS CURÉS DE VALLERY
DE 1555 A 1804.

Avant la tempête révolutionnaire, qui, commencée en 1789, s'apaisa quelque peu en 1801, et qui dans l'espace de onze ou douze ans bouleversa de fond en comble l'organisation religieuse et politique de la France, les curés de Vallery, du moins ceux qui gouvernaient cette paroisse depuis plus de six siècles, s'intitulaient *prieur-curé*. Donc la paroisse de Vallery était un prieurécure. On appelait alors ainsi une paroisse qui dépendait d'un monastère et à l'administration de laquelle les supérieurs monastiques avaient le droit et l'obligation de pourvoir sous la haute surveillance de l'évêque. Or, la paroisse de Vallery dépendait du monastère des Chanoines réguliers de l'abbaye de Saint-Jean de Sens. On lit dans la *Gallia Christiana* (Gaule chrétienne) que Guy de Noyers, archevêque de Sens en 1186 donna aux chanoines de cette abbaye les prieurés de Dollot et Vallery.

1º Un prieur-curé de Vallery du nom de Pierre Tinceau, comparaît à la rédaction de la coutume de Sens en 1555 et fait, de concert avec les habitants de sa paroisse, la déclaration que Vallery ressort du Baillage de Sens, mais que cette seigneurie était régie et gouvernée par la coutume de Lorris-Montargis. Dans un petit almanach de l'Yonne de 1805, imprimé chez Tarbé à Sens, nous avons lu une notice sur Vallery. Il y est dit que la famille Tinceau, dont était l'évêque de Nevers, tirait son origine de ce village ; or, les registres que j'ai parcourus depuis leur première apparition jusqu'à nos jours, les vieux papiers du greffe que j'ai beaucoup feuilleté, ne nous révèlent aucune trace de cette famille. De ce qu'il y a eu à Vallery un prieur-curé du nom de Tinceau, il ne s'en suit pas que sa famille soit originaire de ce pays.

2º Gabriel Clément (de 1600 environ à 1629), prieur-curé de Vallery, apparaît en mai 1614 en qualité de témoin dans une donation rédigée au château de Vallery. Sa tombe placée devant la croix centrale du cimetière dont nous avons précédemment fait mention, atteste par son inscription qu'il est mort en 1629.

A partir de M. Gabriel Clément, nous nous guiderons, pour la succession des curés, ou l'existence à Vallery d'autres prêtres y exerçant leur ministère, d'après la rédaction des registres de catholicité. Messires Jacques Le Michel et Gauthier apparaissent comme chapelains.

3º François de Beaujeu (de 1629 à 1651). Son acte de décès est ainsi libellé : ce jourd'hui 14e de septembre 1651 en la fête de l'exaltation de la Sainte-Croix, mourut en ce lieu vénérable et discrète personne Messire François de Beaujeu, prieur-curé de Vallery, et fut enterré devant le grand autel de l'église le 15e du dit septembre 1651. *Anima ejus requiescat in pace.*

4º Pierre-Louis de Beaujeu, neveu du précèdent, succède à son oncle. En attendant son installation officielle, Messire Bonnet, baschelier en Sorbonne, dessert la paroisse pendant quelques mois. J.-L. Burnoul est vicaire (1651 à 1677).

5º Pelée Jean-Baptiste, prieur-curé (1677 à 1682), M. Mongenot, vicaire ; Meslier, chapelain.

6º Dabon, étant prieur-curé (1682 à 1709), MM. Magny est

vicaire quelques mois ; Sergent, vicaire jusqu'en 1689 ; Barthelemy, vicaire quelques mois ; Barthelemy Tribouillard dit des Fontaines, chapelain, meurt à Vallery, le 5 février 1691 âgé de 77 ans. D'Heureux, vicaire quelques mois. Mr Denis Seguin, chanoine régulier, vicaire de 1691 à 1694. Lebrun se qualifiant par humilité de prêtre indigne, chapelain. Blenon, sans doute vicaire, signe prêtre desservant, jusqu'en 1707. Leliepvre, vicaire puis chapelain. Frère Alexis, moine pénitent de Sens dessert Vallery pendant quelques mois.

7º Le Charron, prieur-curé ne fait que paraître et disparaître, sans que le motif de cette courte résidence nous soit connu.

De Verton, étant prieur-curé de 1709 à 1713, Denis Séguin et Leliepvre, chapelains. De Verton, homonyme de M. le prieur écrit et signe différemment et s'intitule pendant quelques mois, desservant de Vallery, c'est-à-dire vicaire.

9º Louis Lequint, étant prieur-curé (1714 à 1728), Nicolas Sisset est chapelain unique jusqu'en 1729. François Monier, religieux carme, remplit de temps en temps les fonctions pastorales et cause des désagréments à M. le prieur. Celui-ci meurt à Vallery comme le prouve son acte de décès rédigé comme suit : « En 1728, le 15 juin, inhumation dans le cimetière de Vallery, par le curé-prieur de Dollot, doyen de la chrétienté au détroit de Marolles, du corps de Louis Lequint, prêtre religieux de la Trinité de la Rédemtion des captifs, prieur-curé de Vallery, décédé hier à 5 heures du soir, muni des sacrements de l'Eglise. Ont assisté à son inhumation MM. les curés-prieurs-chapelains, Grandoie, curé de Blennes ; Larnois, curé-prieur de Brannay ; Millet, curé de Villethierry ; Lacaille, prieur-curé de Dian ; Hachet, curé de Voulx ; Sisset, chapelain ; Ferrand, prêtre-prieur-curé de Dollot. » Celui-ci tenant la plume se place le dernier par humilité et courtoisie.

10º Mre Baudry étant prieur-curé (1728 à 1737), Nicolas Sisset, chapelain, disparaît en 1729 et après lui pendant longtemps, nous ne voyons plus ni chapelain ni vicaire, à l'exception de M. Buquet, qui séjourne quelques mois en qualité de chapelain.

11º Messire de Cageul de Liancourt étant prieur-curé (1737 à 1741), MM. Bilhac, vicaire à Chéroy ; Delaville, chanoine régulier ; Millet, curé de Villethierry ; Dupas, curé de Blennes ; Desvignes, chanoine régulier de l'abbaye de Saint-Jean de Sens ; Achille Laurent Ferrand, curé-prieur de Dollot ; Lecerf, religieux dominicain ; Roux, également religieux dominicain ; Fournier, prieur commendataire de Lorez-le-Bocage, font à Vallery de brèves apparitions ; Messire Cornélis, moine cordelier de Sens y reste environ neuf mois. Ils viennent aider ou remplacer M. le prieur-curé fréquemment malade.

12º Messire Pierre de Montcharvaux, arrivé à Vallery en mai 1741 démissionne en novembre même année. Cette démission si rapprochée de la prise de possession eut, selon toutes les apparences, pour cause le mauvais état de l'habitation curiale.

13º Mre Poitou de Chaulnac (1741 à 1745) étant nommé au prieuré-cure de Vallery, ordre est donné par Mgr Languet, archevêque de Sens, à Messire du Theil, curé de Ferrottes, doyen rural au détroit de Marolles, d'avoir à installer, selon les règles liturgiques, Mre Poitou de Chaulnac, et en même temps de faire remarquer aux notables de la paroisse témoins de l'installation, le mauvais état du *logement prieurial* dont les réparations sont à la charge de la paroisse. Messire du Theil se décharge de sa mission sur M. Ménessier, curé-prieur de Dollot. Celui-ci préside donc à la dite installation qui est décrite au registre dans tous ses détails, lesquels ne sont autres que les cérémonies prescrites pour le cas au rituel romain. Les témoins furent Pierre Blenon, bourgeois de Vallery ; François Casenave, maître chirurgien ; François Héry, marchand ; François Chaperon, cordonnier ; Alexandre Tourlier, marguillier syndic ; Tisserand, curé de Blennes ; Millet, curé de Villethierry ; Luc Robert, moine récollet rendant service à M. le prieur. Point de traces de chapelain ni de vicaire.

14° M. Claude de Fougères (1745 à 1761) étant prieur-curé, voit se régulariser le service de la fondation de Henri II de Condé, réduite à deux chapelains. Point n'est question de vicaire. M. Cretté est chapelain environ 18 mois. Gayard, prêtre religieux prémontré, est chapelain jusqu'en 1762. Nicolas Gratien Piot est chapelain jusqu'en 1795. Nous avons mentionné ailleurs les démêlés de M. Claude de Fougères avec son châtelain, plus qu'économe, René Cordier de Launay.

15° Mre Toussaint-Bonaventure Tuaud étant prieur-curé (1765 à 1804), à Vallery, M. Dessaigne est chapelain de 1765 à 1768, puis devient prieur-curé de Courtoin. M. Marmouzet le remplace et reste chapelain avec M. Piot susnommé jusqu'en 1794. J'arrête ici la série des curés et chapelains. Je la reprendrai après avoir raconté ce que j'ai pu savoir des événements qui se sont passés à Vallery pendant la terrible tempête révolutionnaire qui fit disparaître pendant quelques années et curés et chapelains.

XXVI. — SITUATION FINANCIÈRE DE L'ÉGLISE DE VALLERY A LA FIN DU XVIIe SIÈCLE

Les princes de Condé ont été évidemment les bienfaiteurs insignes de l'église de Vallery. Leurs œuvres, qui subsistent encore au milieu de nous, les rappellent sans cesse à notre mémoire. D'autres bienfaiteurs, de beaucoup inférieurs par la célébrité et la fortune, dont les gratifications ont néanmoins leur mérite et leur valeur, quelque minimes qu'elles soient, sont tombés dans un oubli complet. Ayant, à force de recherches, retrouvé les noms d'un certain nombre de ces chrétiens généreux, je me fais une joie de les ressusciter dans notre souvenir

La plupart des legs faits aux Eglises de France sont devenus la proie de l'Etat en 1790, au mépris de la volonté des testateurs. L'église de Vallery, plus heureuse que beaucoup d'autres, a pu sauver du naufrage quelques épaves. Elle est encore aujourd'hui propriétaire de trois parcelles de terrain pré (1) plantées de peupliers au territoire de Dollot. En 1869, elle possédait plusieurs pièces de terre labourables qui, cette même année, ont été vendues après que les formalités légales autorisant la vente, furent remplies Le notaire devant dresser l'acte d'adjudication interrogea *sur l'origine de propriété de ces immeubles* le trésorier de la fabrique. Celui-ci ne put donner d'autre indication sinon *qu'il était à sa connaissance que la fabrique de Vallery possédait ces immeubles de temps immémorial*. Or, des inventaires et des baux conservés aux archives départementales, à défaut de testaments, peut-être détruits, nous ont révélé l'origine du droit de propriété et des susdits terrains plantés de peupliers et des terres labourables vendues en 1869, et de plusieurs autres droits perdus pour l'Eglise dans la tourmente révolutionnaire. Voici les noms des bienfaiteurs de l'église que nous pouvons signaler à la reconnaissance des personnes de foi. Nous suivons l'ordre chronologique :

Jeanne Laisné, le 11 février 1640, lègue à l'église de Vallery six livres de rente à prendre sur les biens provenant de sa succession qui consistent en maison, grange, écurie, et

---

(1) Vrai encore en 1885; non, en 1908 : la république actuelle a tout pris;

autres dépendances et terres labourables, rente disparue à l'époque révolutionnaire (1790).

Henri Thoulouse, maître-chirurgien, décédé en 1662, lègue à l'église un quartier de pré sis au lieu dit Bichot, perdu pour l'église à la révolution.

Louis Bahout, du hameau de la Justice, lègue vingt sols de rente à prendre sur sept perches de vignes situées lieudit les Champs Guinots. Perdue.

Jeanne Jadrat, veuve en premières noces de Simon Villain, le 15 mars 1672, lègue à l'église une vigne sise au lieu dit les Champs-Guinots sur Blennes. Perdue.

Denis Thoulouse, fils de Henri, chirurgien comme son père, décédé le 24 janvier 1687, muni des sacrements de l'église, lui lègue cinq pièces de terres labourables.

Geneviève Crosnier, veuve de Charles Haniguet, lègue à l'église cinq quartiers de terres labourables sis aux Javots. Les dites terres labourables venant de Geneviève Crosnier, et de Denis Thoulouse, sont évidemment, vu la description qu'en fait un bail de 1688, les mêmes qui ont été vendues en 1869 et dont le prix placé sur l'Etat à 3 % rapporte actuellement à la fabrique 200 fr. de rente annuelle.

Messire Denis Boullé, bourgeois de Vallery, en 1687, lègue à l'église 16 cordes de pré sises en dedans des prés de Dollot entre le Mesnil et les petites Fontaines (c'est l'une des 3 pièces de pré plantées de peupliers que possède encore l'église).

Jeanne Teste, en 1690, laisse à l'église de Vallery, une rente annuelle de 15 sols tournois à prendre sur ses maison, grange, cour, etc., sises au dit Vallery.

Jeanne Sabatier, femme de Jean Geuffron et Paule Landrier, veuve de Denis Boullé, lèguent à l'église un demi-arpent de pré en deux pièces dont l'une proche du moulin de la Voie et l'autre près du Mesnil, territoire de Dollot (ces 2 parcelles de terrain pré plantées de peupliers appartiennent encore à l'église).

Charlotte Hénault, veuve de Claude Dodé, lègue à l'église en 1691 vingt cordes de pré, proche de Blennes, lieu dit les Grands Aulnois. Perdues.

Magdeleine Evrat, veuve Charpentier, du hameau de la Justice, avait en 1681, institué l'église sa légataire universelle. En suite de sa mort, les marguilliers Roussel Jean et Goubaud Georges sont chargés de liquider sa succession. Leurs écritures à ce sujet, laissant à désirer, ils sont cités devant le bailli en reddition de comptes. Or, d'après leurs chiffres, l'avoir ne l'emporte sur le doit que de 9 livres 18 sols au bénéfice de l'église. Les détails de cette reddition de compte sont fort intéressants. Leur longueur toutefois devient fastidieuse. C'est pourquoi je me suis abstenu de les relater.

La fabrique avait droit aussi à 5 petites rentes annuelles et perpétuelles payables chaque année à la Saint-Martin d'hiver, à savoir : 2 de 15 sols tournois à prendre sur des maisons sises à Vallery. Une de 2 sols tournois 2 deniers, une autre de 11 sols tournois à prendre sur des quartiers de terre sis proche du grand étang de Vallery. Une de 6 livres à prendre sur une pièce de terres labourables sise au territoire de Villethierry, disparues à la révolution.

Ces rentes diverses, jointes à la location des terres labourables et des prés ne produisaient guère que 170 livres au plus, par an, comme il nous est apparu à la lecture d'un *compte rendu public au Banc de l'Œuvre* de l'église de Vallery, en présence de l'archidiacre de Sens faisant sa visite d'inspection, en décembre 1744. Ces largesses des fidèles en faveur de leur église, comportaient généralement l'obligation de prières ou services religieux pour les âmes de ces chrétiens qui ne s'étaient point en allés de ce monde sans penser à leur sort dans l'autre. Il est à remarquer que dans les recettes de ce compte rendu devant l'archidiacre de Sens, il n'est point fait mention des 50 livres léguées par le Prince Henri II de Condé, pour l'entretien de l'église ; ce n'est, comme nous l'avons dit, qu'en 1752 que le châtelain de Launay se résigne à remettre cette somme entre les mains des marguilliers.

XXVII. — LA MUNICIPALITÉ INVENTORIE BIENS ET REVENUS DES PRIEURS ET CHAPELAINS

Une loi de l'Assemblée Constituante de 1789 réorganise d'une manière uniforme l'administration intérieure de toutes les communes de France sous le nom de *municipalités*. Elle décrète que les *officiers* ou *gouverneurs* municipaux seront élus par le suffrage de leurs concitoyens réunis en ce que l'on appelait alors *assemblées primaires*.

Ces nouveaux administrateurs arrivés tout d'un coup à jouir d'une part quelconque de pouvoir politique en éprouvent, dès l'abord, une sorte de contentement enthousiaste. Ils ne se doutent pas, qu'à vrai dire, ils ne seront que les pantins plus ou moins responsables d'une autorité centrale entre les mains de laquelle sont réunies les ficelles au moyen desquelles le mouvement leur est transmis.

Or, au commencement de l'année 1790, la municipalité de Vallery récemment constituée reçoit de la dite autorité centrale, avec ordre de les remplir « des feuilles de papier disposées pour relater *l'état désignatif et estimatif des biens, revenus de toute nature, possédés dans le territoire de la dite municipalité par MM. les curés, vicaires chapelains, et tous autres bénéficiers.*

Nous transcrivons donc simplement les déclarations qui

suivent, telles que le greffier ou le secrétaire Renard les a *registrées* le 28 février 1790. (L'orthographe de cette sorte d'inventaire, *de mauvais augure*, laisse à désirer. (En tête :

Enregistrement des bénéfices et charges de la cure-prieuré de Vallery. Le sieur prieur-curé de la dite paroisse seulle diximateur.

Une maison curiale, une granche, écurie, basse-coure, un petit jardin, Trois arpent un quartier de terres labourables, estimé 10 livres (de revenu), cy .... 10 liv.

Dixmes de bled, méteil, trois cent douzaine quatre cent bichets, cy 1.000 liv. 1.000

Avoine deux-cent-cinquante pichets 325 l. cy 325

Orge et vosces (vesces), 50 l., cy.......... 50

Six cents de grandes pailles à 50 fr. le cent, cy 300

Pailles d'avoine, d'orge et de vosseries, 130 l. cy 130

Agneaux diximables à 2 sols 6 deniers la pièce, 50 l., cy................................. 50

Chanvre diximable à la seize 50 l., cy...... 50

Dixmes d'oie à un par troupeau 9 l., cy..... 9

Dixme de vin année commune 12 feuillettes . 288

Nu¹ autre bénéfice. Totalle du produit ...... 2.212 liv.

Charges.

Quatre dixmeurs 180 livres, cy.... .... 180 liv.

Gage et nourriture d'un domestique pour le charroit des dixmes et l'exploitation de la granche 300 l., cy.......................... 300

Entretien nécessaire d'un chevalle pour la moisson et le servisse annuel d'une paroisse de 5 cents communiants et qui forment un gros lieu et quarante-deux maisons aux écarts 300 l., cy 300

Frais de vendange 20 l., cy 20

Dixime (*impôt du 20ᵉ nommé dixime parce*

Report............	800 liv.
que d'abord en 1710 époque à laquelle il fut décrété comme impôt de guerre il était d'un 10ᵉ puis fut réduit au vingtième) 109 l. cy................	109
Entretien et réparation des bastimens, 60 l...	60
Total des charges............	969 liv.

Revenu net : 1243 livres.

(M. le prieur-curé ajoute ce qui suit) : Bénéfice d'une rente de 150 livres léguée au prieur-curé de la paroisse de Vallery par le prince Henry de Condé pour l'entretien d'un vicaire, laquelle somme de 150 fr. fait partie de la pension de deux chapelains fondés par le même prince de Bourbon et pour laquelle ils doivent aider le dit prieur dans les fonctions du ministère... J'ai soussigné, affirmé sincère et véritable la présente déclaration faite devant la municipalité de Vallery pour être affichée à la porte principale de l'église. En foy de quoi j'ai signé à Vallery ce vingt-huit février mil sept cent-quatre-vingt-dix (suit la signature de M. le prieur). *Bonaventure Toussaint Tuaud, chanoine régulier de la Ste-Trinité pour la rédemption des captifs, déclarant son âge être de cinquante cinq ans et avoir été nommé à la cure de Vallery par l'Archevesque de Sens, collateur ecclésiastique.*

Déclaration des deux chapelains.

« Les soussignés chapelains de Vallery, pour se conformer aux décrais de l'Assemblée nationale déclarent à Messieurs de la municipalité que le prince Enrie de Bourbon (j'abrège cette partie de la déclaration que j'ai déjà mentionnée en racontant les démêlés avec M. René Cordier de Launay pour l'acquit de la fondation) n'ayant légué qu'une somme insuffisante pour trois chapelains ils furent réduits à deux par une décision du conseil des princes en 1751, avec chacun 500 livres d'apointement, les soussignés n'ont d'autres titres que leur brevet de chapelain donné par le seigneur de Vallery, collateur laïc. La fondation charge les *chapellains soussigner* de célébrer l'*ofice* chaque année au jour du *dessait* du prince testateur, leur messe haute avec *un de profundis* et *libera* et leur basse messe, les autres jours pour le repos des *ame* du prince testateur et de la princesse Eléonore de Bourbon autant que faire se pourat. Outre l'apointement susdit, le seigneur de Vallery fournit et est obligé d'entretenir le logement de deux chapelains qui *quonsiste* avec le jardin qui en dépens en 30 perches de terre environ. Les chapelains soussignés *voyants* la grande population de Vallery et *esmant l'oqupation ce font* un devoir en imitant leurs prédécesseurs de partager les fonctions du *ministaire* de Monsieur le prieur-curé de Vallery.

« Nous soussignés certifions et attestons tous nostre présente déclaration sincère et véritable, à Vallery, le 23 février 1790. Suit la signature de M. Marmouzet, se disant âgé de cinquante-quatre ans, M. Piot également chapelain âgé de 83 ans n'a pas signé. »

XXVIII. — CONFISCATION DES BIENS DE L'EGLISE AVEC SOLENNELLES PROMESSES DE COMPENSATIONS

Les faits ci-dessus commémorés nous font connaître qu'à Vallery, comme d'ailleurs dans toutes les paroisses de France, à l'époque où nous en sommes de notre histoire, les diverses fondations des particuliers et la perception générale en nature appelée dîme contribuaient aux frais d'entretien de l'église et procuraient les moyens de vivre aux ministres du culte catholique. L'assemblée des Etats de 1789 va changer tout cela. Une loi du 21 septembre émanée

d'elle, formule un article ainsi conçu : « Les dîmes de toute
« nature, et les redevances qui en tiennent lieu *sont abo-*
« *lies,* sauf à aviser aux moyens de subvenir d'une autre
« manière à la dépense du culte divin, à l'entretien des mi-
« nistres des autels, au soulagement des pauvres, aux répa-
« rations et constructions des églises et presbytères. »

Une autre loi du 2 novembre même année, de la même Assemblée dite *Constituante* porte : « Article 1er. Tous les biens ecclésiastiques sont à la disposition de *la Nation à la charge de pourvoir d'une manière convenable* aux frais du culte, à l'entretien de ses ministres, au soulagement des pauvres. — Article 2. Dans les dispositions à faire pour subvenir à l'entretien des ministres, il ne pourra être assuré à la dotation d'aucun curé *moins de douze cents livres* par année non compris le logement et les jardins en dépendant. Une autre loi du 10 février 1791, déclare en termes formels que l'Etat ordonnant la vente des *immeubles réels affectés, à l'acquit des fondations, messes et autres services en prend sur lui la charge.* » Belles promesses qui seront vite oubliées.

Ces immeubles de l'Église et du Clergé estimés quatre cents millions, que l'Etat par un trait de plume de ses représentants s'était appropriés, ne trouvaient pas vite des acquéreurs. Des scrupules de conscience joints à des appréhensions au sujet de l'avenir, d'acquisitions de biens si brusquement enlevés à leurs légitimes propriétaires, arrêtaient les amateurs. Aussi la Constituante crut devoir justifir ses agissements dans une adresse aux Français le 11 février 1790. Elle avoue que « 60 millions de nouveaux subsides eussent pu acquitter les charges publiques » ; si donc elle a cru devoir s'emparer des ressources des églises, et des monastères, pour en disposer comme elle le jugerait à propos, c'est pour vous assurer « Français ! que bientôt un clergé
« citoyen, soustrait à la pauvreté comme à la richesse, mo-
« dèle à la fois du riche et du pauvre, pardonnant les ex-

« pressions injurieuses d'un délire passager, inspirera une
« confiance vraie, pure, universelle, que n'altérera ni l'en-
« vie qui outrage, ni cette sorte de pitié qui humilie. Il
« fera chérir encore la Religion... Il en accroîtra l'heureuse
« influence par des rapports plus doux et plus intimes
« entre le peuple et les pasteurs et n'offrira plus le spectacle
« que le patriotisme du clergé lui-même a plus d'une fois
« dénoncé dans cette Assemblée, de l'oisiveté opulente et
« de l'activité sans récompense. »

Les Français durent être émerveillés de cette peinture du clergé citoyen qui leur est faite et du dévouement pour la religion dont étaient animés leurs députés. Néanmoins, ils ne se hâtaient pas de mordre à l'appât qui leur était offert ; la défiance persistait quand même. Le *bon* Roi Louis XVI sollicité d'intervenir, y alla de ses *lettres patentes*, pour appuyer de son autorité un nouveau décret de l'Assemblée daté du 22 avril 1790, portant « qu'à partir du
« 1er janvier de la présente année, le traitement des ecclésias-
« tiques sera *payé en argent* aux termes et sur le pied qui
« seront incessamment fixés, et que dans l'état des dépenses
« publiques (budget), chaque année, il sera porté une somme
« suffisante pour fournir aux frais du culte de la Religion
« catholique, apostolique et romaine, et à l'entretien du
« ministre des autels. » Puis huit jours après la promulgation de ce décret, l'Assemblée lance une nouvelle adresse ou proclamation au peuple français. De cet instant et prolixe appel à la confiance des Français, nous ne citerons que les quelques phrases du commencement, parce qu'elles ont une signification spéciale, le reste est toujours la même rengaîne, en même style boursouflé.

Donc il y est dit : « Qu'en vertu *des droits de l'homme* dont
« la Société peut le priver, et sous l'empire de la liberté,
« l'esprit de corps et conséquemment le droit de *vivre en*
« *corps*, ne peut être conservé, et que la nécessité de consa-

« crer sa vie à soutenir les vérités de la Religion, et pratiquer
« la perfection de la morale, ne peuvent justifier une excep-
« tion à ce principe... Que personne ne peut plus se séparer
« des autres citoyens pour *vivre en corps.* » (C'est la condamnation des monastères, des corps d'états, des corps de métiers,
voire même du célibat des prêtres... continuons la citation) :
« il n'y a donc pas à craindre que les biens ecclésiastiques re-
« deviennent un moyen de favoriser une *dangereuse indépen-*
« *dance.* Mais l'Assemblée satisfait à tous ses devoirs en met-
« tant à la charge de la nation entière toutes les dépenses
« qu'ils acquittaient. La Religion, ses ministres, les religieux,
« les pauvres, sont à la nation ; les créanciers du clergé sont
« placés au nombre des *créanciers de l'Etat* » (conclusion) :
« Donc que ceux d'entre vous, Français, à qui il conviendra
« d'acheter les biens qui sont mis en vente se présentent
» sans craintes... Et que la Religion, ses ministres, les pau-
» vres ne redoutent point qu'on dissipe à d'autres usages
« la part qui, provenant de cette vente, leur sera consacrée. »

Comme on le voit, rien de plus formellement reconnu et déclaré par les spoliateurs de l'Eglise et du Clergé, que le droit de ceux-ci à une convenable compensation et que l'engagement solennel de ceux-là d'accorder la dite compensation, ce qui dénote qu'en ces spoliateurs, il n'y a pas encore absence complète d'esprit de justice.

Toutes ces citations de lois, de décrets et d'adresses aux Français peuvent sembler un hors-d'œuvre dans une monographie de modeste paroisse. Toutefois, de ce que ces documents sont du domaine de l'histoire générale, ils n'en appartiennent pas moins à celle de Vallery, à la mairie duquel je les ai rencontrés et lus avec beaucoup d'intérêt. Et ce qui surtout m'a paru intéressant, c'est que la conscience et le bon sens des habitants de cette paroisse sont restés insensibles aux traits d'éloquence alambiquée et aux promesses fallacieuses qui y sont exprimées. Tout ce que l'Eglise possédait en immeubles sur le territoire de Vallery et de Dollot ne trouva point d'acquéreurs. Quelques petites rentes disparurent, mais la fondation du prince Henri de Condé échappa au naufrage.

XXIX. — CURÉS CITOYENS, CONSTITUTION CIVILE DU CLERGÉ

Dans les passages des Adresses de la Constituante aux Français nous avons spécialement remarqué deux phrases : celle qui assure au peuple un *clergé citoyen* puis celle qui le prémunit contre la crainte que les biens mis en vente « *ne redeviennent un moyen de favoriser une dangereuse indépendance.* » Cet éclair de sincérité, échappé aux innovateurs, indique leur arrière-pensée en remplaçant par une indemnité annuelle en argent, en un mot par un traitement fixe, les biens confisqués au clergé et vendus, eux disant, au profit de l'Etat. Leur idée est, sans nul doute, que la crainte de la suppression du dit traitement sera pour le clergé une raison de soumission.

Aussi à peine les lois de spoliation sont-elles promulguées que les employés du Gouvernement font sentir aux curés qu'ils sont à leur discrétion. On leur enjoint de lire en chaire aux messes chantées du dimanche tous les décrets, lois, adresses de l'Assemblée nationale. Une ordonnance du Roi Louis XVI, du 3 juin 1790, dans son article 4, impose avec menace de châtiment cette obligation : « Les curés, y est-il dit, vicaires ou desservants qui se refuseront à faire au prône, à haute et intelligible voix, la publication des décrets de l'Assemblée nationale, acceptés et sanctionnés par nous, sont déclarés incapables de remplir aucune fonction de *citoyen actif*, c'est-à-dire qu'ils perdront leur droit de voter et méritent d'être suspendus des fonctions de leur ministère ; à l'effet de quoi il sera dressé procès-verbal à la diligence du procureur de la commune. De par le Roi, voilà les pauvres curés sous la surveillance de la police, même pendant la célébration de la messe paroissiale du dimanche.

Le *Directoire départemental* (aujourd'hui conseil général) réclame lui-même (toujours en termes peu rassurants) pour ses *arrêtés*, les honneurs de la publication en chaire. Le 8 août 1790, le Directoire du Département de l'Yonne, « faisant
« droit, sur la réquisition de M. Paradis, substituant M. le Pro-
« cureur général syndic, et considérant que la publication
« en chaire de tous les décrets de l'Assemblée nationale et
« des délibérations du département qui en seront la consé-
« quence nécessaire, est de devoir strict..., etc..., etc...,
« Arrête : Que les curés et desservants de toutes les paroisses
« du ressort, seront expressément invités de publier, non
« par une simple annonce ou par une lecture partielle, mais
« intégralement les décrets de l'Assemblée nationale et les
« délibérations qui leur sont envoyées.

« Arrête en outre, que pour se certifier de l'exécution
« de cette formalité, le Directoire chargera chaque district
« (chef-lieu de canton ou d'arrondissement) de prendre des
« informations sur l'exactitude des curés et desservants à
« l'observer ; où il y aurait des contrevenants, d'en instruire
« l'assemblée pour être statué ce que de raison. Arrête
« (encore !), qu'à la diligence du procureur général syndic,
« le présent arrêté sera envoyé aux districts pour le faire
« passer *aux municipalités* de leur ressort avec invitation
« de tenir la main à son exécution. » Signé : Marie, président, et Foacier, secrétaire (Archives de la mairie de Vallery).

Ces divers arrêtés furent notifiés à la municipalité de Vallery et, de là, portés à la connaissance de M. le prieur-curé

Tuaud qui eut à en faire son profit. Désormais, il peut se reposer du souci de préparer ses instructions paroissiales. Les Assemblées politiques, avec leur inépuisable fécondité, lui fourniront chaque dimanche matière suffisante et au-delà pour le temps qu'il doit ordinairement passer en chaire. Les réunions des fidèles pour les prédications religieuses et la prière sont en voie de se transformer en clubs et les curés de remplir les fonctions de tambour de ville. Quelle pitié !

Le gouvernement ne s'arrêta pas dans cette voie périlleuse. De son autorité privée, c'est-à-dire sans tenir compte de la suprématie du souverain pontife, il modifia la situation de l'église de France. Il attribue aux électeurs (catholiques, protestants, juifs), la nomination des évêques et des prêtres ; il fait une nouvelle répartition des diocèses suivant celle des Départements et défend aux évêques de demander à Rome une bulle de confirmation, et enfin met le comble à sa folie sectaire, en exigeant de la part des ecclésiastiques qui exerceraient les fonctions de leur ministère le *serment* de fidélité à cette sorte de... Constitution évidemment pour le moins schismatique qui est connue sous le nom de *Constitution civile du clergé*. Sanctionnée à regret par le Roi Louis XVI (25 décembre 1790), elle est condamnée par le pape *Pie VI* et repoussée par la majorité du clergé. Certains prêtres n'en saisissant pas complètement les conséquences et le sens erroné prêtèrent le serment exigé ; la plupart le refusèrent ; de là une distinction entre prêtres *jureurs* ou *assermentés* soutenus par l'Etat et prêtres *insermentés* ou *réfractaires* préférés par les catholiques sérieux, mais privés de leur indemnité annuelle et souvent cruellement persécutés.

Il y avait alors, à Vallery, trois prêtres, M. Tuaud, prieur-curé, M. Piot et M. Marmouzet, chapelains du prince de Condé. Prêtèrent-ils serment à la Constitution civile du clergé ou refusèrent-ils ce serment ? Nous n'avons trouvé aucun document qui tranchât pour nous cette question plutôt dans un sens que dans un autre. Il ne paraît point que jusqu'à l'abolition du culte catholique à Vallery, ces trois prêtres y aient eu aucun désagrément.

Du reste, les causes portées devant les tribunaux révolutionnaires n'y étaient accueillies que d'après les dénonciations d'un certain nombre de citoyens. J'en infère à l'honneur des habitants de Vallery qu'il ne se trouva point parmi eux de ces dénonciateurs mal intentionnés contre des prêtres inoffensifs...

XXX. — ALERTES, MÉSAVENTURES, MÉCONTENTEMENTS POPULAIRES

Ces innovations religieuses, politiques et même militaires (il y a création d'une garde nationale) surexcitent les esprits. Jusque là tranquille dans son humble condition, l'homme du peuple auquel le nouveau régime communique une autorité quelconque, en devient fier et s'empresse à la moindre occasion de montrer ce qu'il est.

Le 28 janvier 1791, le procureur de la commune de Vallery, Charles-Désiré Blennon, apprend par la rumeur publique qu'un voyageur d'allures suspectes est arrivé la veille au cabaret de François-Louis Breton. Requérant le capitaine Drugeon et les adjudants Crosnier et Duval, les caporaux Edme Bénard et Pierre Tourlier, et les simples gardes nationaux Louis Hesnault, Pierre Drugeon et Jean-Baptiste Sauvegrain, pour avoir d'eux main-forte au besoin et conduire l'inconnu devant le maire, le dit procureur se transporte chez le cabaretier susnommé. En entrant, il voit étalé sur une table un morceau de toile de ménage où il y avait des raies rouges *distancées* d'armoiries et de lettres

alphabétiques, que ledit inconnu déclare servir à des jeux de loterie. Cet homme, amené devant le maire qui l'interroge, répond qu'il se nomme Nicolas Grossin, cordonnier pour femmes ; qu'il vient de Versailles, où il était précédemment domicilié ; que manquant d'ouvrage, il fait valoir des jeux de loterie pour gagner son pain ; et il présente un certificat l'autorisant, daté du 30 novembre dernier. Le maire, lui ayant demandé pourquoi il n'a pas fait *rafraîchir* son certificat, Grossin agacé de ce vétilleux interrogatoire, s'emporte et lâche des mots peu respectueux. Mais citons le texte même du rapport dressé au nom du citoyen maire. « Il dit que nous sommes des peaux de brebis rouges et
« blancs ; que nous avons l'air d'ânes avec notre bât,
« quoique revêtu de notre écharpe ; que nous faisons le doc-
« teur municipal de village..., qu'il connaît les lois mieux
« que nous ; que nous sommes des imbéciles..., des auto-
« crates, des coquins... », et il ajoute des menaces. Les gardes nationaux l'appréhendent au corps et le fouillent... Ils retirent de ses poches et des goussets de sa culotte des petits sacs de soie où sont des boutons empreints des lettres de l'alphabet, jeux de cartes, broquettes, couteaux, ciseaux, 15 livres 10 sols écus et menue monnaie, 4 dés à coudre, une balle, des vis en bois, une bougie, 3 fioles, dont deux contenant des drogues inconnues, une quittance de loyer, des bouts de papier, une boîte en fer blanc avec contenu ignoré ; le tout est remis ès mains du greffier qui devra le représenter de ce requis. « Après quoi, continue le procès-
« verbal, nous, maire, présent et soussigné, avons commandé
« le dit Grossin être conduit sans plus long délai à la
« prison du ci-devant château. Ce qui fut exécuté, malgré
« les résistances de Grossin, frappant et mordant plusieurs
« officiers et bas officiers. »

Le malheureux ! il n'avait pas fait rafraîchir son certificat.... et il avait manqué de respect à sa Majesté municipale ! Les sombres murs de la prison du vieux castel n'avaient jamais peut-être abrité, pendant la féodalité tant abhorrée délinquant si peu coupable. Et pourtant, on vient de proclamer les *droits de l'homme* et d'inventer la fameuse devise Liberté, Egalité, Fraternité. J'imagine qu'un ordre du district de Sens informé rendra bientôt la clé des champs à l'irascible Nicolas Grossin...

Le maire contre lequel cet étranger, dans un accès de colère, vomit son répertoire d'injures est le premier maire de Vallery élu du suffrage populaire après la réorganisation des municipalités par la *Constituante*. Claude Garnier est son nom. Six mois après la mésaventure dont nous venons de parler, le dit Claude Garnier et ses conseillers reçoivent de l'Administration du district de Sens une communication ainsi conçue :

« Sens, 22 juin 1791. Messieurs (on ne dit pas encore
« citoyens), la ville de Sens vient d'être avertie que le Roi
« est parti hier soir. On prend des précautions pour obser-
« ver et garder les routes ; usez en de même et assurez-vous
« de tout ce qui vous paraîtra suspect. Etablissez un piquet
« de gardes nationales et donnez-nous avis de tout ce que
« vous aurez fait et vu. Etablissez la garde de jour et de
« nuit, crainte de surprise. » Puis en post-scriptum : « Assu-
« rez-vous de toute poudre et plomb qui peuvent être dans
« le pays et empêchez qu'il ne soit tiré un coup de feu inuti-
« lement. » Ont signé les administrateurs du district de Sens : Lemoine, vice-président ; Chastelain, Hérard et Lorillon, administrateurs; Douine, procureur-syndic ; Drèze, secrétaire.

Cette dépêche, envoyée par un exprès, est reçue le même jour à 5 heures du soir. Aussitôt une réunion des officiers municipaux a lieu pour aviser à organiser une surveillance. Le Roi, la Reine, le Dauphin, sont partis, la France est sans chef ; les imaginations se montent. Tous les malheurs ne sont-ils pas possibles dans une pareille situation ? Vite huit postes sont établis aux abords de Vallery : un à la Margotière, un au chemin de Villethierry, un au chemin de Chéroy, un au chemin de Paris, un au chemin de Montacher, un au chemin de Dollot par la Fosse, un à un autre chemin de Dollot, un au chemin de Bichot. C'était un excès de précautions peu raisonnable. Peut-on penser sérieusement que le Roi avec son véhicule à ressorts, à quatre roues, attelé de plusieurs chevaux de poste aurait pu s'engager dans des chemins inconnus, à peine praticables à cette époque aux solides charrettes des fermiers. Mais les têtes s'égaraient ; et les huit postes furent constamment occupés de jour et de nuit par des factionnaires armés auxquels défense était faite de tirer sans nécessité. Cette garde ne dura que peu de temps, car bientôt on apprit que l'infortuné Louis XVI qui, pressentant ce qui devait lui arriver, avait essayé de s'y soustraire par la fuite, n'était allé que jusqu'à Varenne-en-Argonne, où, reconnu, il avait été arrêté et ramené à Paris. Cette alerte, et la cause qui la produisit ne laissèrent pas que d'ajouter à la surexcitation des esprits déjà vivement préoccupés de tout ce qui se passait depuis deux ans.

Il y avait, comme on le voit, une garde nationale à Vallery comme du reste dans toutes les communes de France. Les exercices militaires et les exigences du service enlevaient aux cultivateurs et autres artisans des heures précieuses pour leurs travaux. Il y avait de fréquentes réquisitions de grains pour l'approvisionnement des marchés, de chevaux, de voitures et même de couvertures pour l'équipement de l'armée ; il n'y avait pas jusqu'aux vieux chiffons de toute sorte qui ne fussent réquisitionnés (1) pour

(1) Un décret du 12 germinal an II, ordonne le réquisition de vieux chiffons, pattes de chanvre, lambeaux de parchemin, pour fabriquer du papier. Chaque citoyen depuis l'âge de 14 ans révolus est tenu d'en fournir au moins une livre par tête.

la fabrication du papier dont la pénurie se faisait sentir. Joignez à cela de temps en temps des visites domiciliaires, pour s'assurer si les particuliers ne cachaient rien de ce que la *Nation* désirait obtenir d'eux. De là dans le peuple, une mauvaise humeur sourde qui parfois éclatait et rejaillissait sur les autorités locales. Un jour une femme de Vallery, la nommée Marie-Anne Chapeau, dont le mari, jardinier de son état, et en même temps, lieutenant de la Garde nationale, était souvent dérangé par les fonctions de son grade et cela au grand déplaisir de sa chère épouse ; celle-ci rencontrant *en plein marché* quelques-uns des officiers municipaux et se faisant l'écho de l'opinion publique, se met à les invectiver (on dirait en style populaire à les engueuler) de son mieux. Elle les traite de *gueux, de coquins, de mouchards, de racoleurs, d'agrippeurs*, leur dit que tout ce qu'ils font: *ce ne sont que des gredineries pour engueuser le monde et faire tuer les gens.* Il y avait du vrai dans ces apostrophes, mais toute vérité n'est pas toujours bonne à dire surtout quand on l'assaisonne de termes si âcres. Un rapport détaillé de toutes ces injures fut rédigé et envoyé au district de Sens. Marie-Anne Chapeau, femme Vendôme, fut condamnée à une légère amende solidairement avec son mari, et le Tribunal lui fait remarquer que pour cette fois, si la peine n'est pas plus considérable, ce n'est que par indulgence, que, dorénavant, elle se tienne pour avertie et tâche de renfermer en elle-même sa mauvaise humeur de peur qu'il ne lui arrive pire.

Voici une autre cause du mécontentement populaire : parmi les diverses réformes signalées par les populations à leurs députés des Etats-Généraux de 1789, il en était une d'une importance suprême, c'était celle qui avait trait à la lourde charge des impôts. Tous les cahiers des représentants où étaient exprimés les vœux du peuple étaient unanimes à réclamer des allégements. Dans ses adresses aux Français (11 février et 3 avril 1790), l'Assemblée des Etats-Généraux, transformée en Constituante, n'a pas assez d'imprécations *contre cette criminelle extension d'impôts que l'on ne verra plus,* assure-t-elle, *se renouveler désormais... C'est pour dégrever l'agriculture et l'industrie,* qu'elle nationalise les biens du clergé et qu'elle les met en vente. Et voilà qu'en brumaire (novembre 1792) an 1er de la République, la commune de Vallery se plaint d'une surcharge d'impôts et, par l'organe du Conseil municipal, réclame contre ce qu'elle regarde comme une injustice à elle faite en matière d'imposition foncière.

Une loi de l'Assemblée législative (succédant à la *Constituante,* fin juin 1791) fixait cette imposition, qui portée à son maximum ne devait pas dépasser une certaine portion du revenu foncier, *le cinquième de ce revenu.* Or, la commune de Vallery, d'après une décision des administrateurs du district de Sens, se trouve imposée pour une somme totale de 5.523 livres, somme qui, vu le calcul approximatif du revenu territorial de la commune, dépasse le maximum de l'excédent considérable de 1.656 livres. C'était donc de 1.656 livres dont les officiers municipaux de Vallery demandaient le dégrèvement en faveur de leurs administrés. Nous ne savons quel fut le sort de leur réclamation. Mais nous voyons *en germinal* l'année suivante, survenir l'*Emprunt forcé,* puis en messidor, la *contribution extraordinaire de guerre.* Et les bonnes gens murmuraient craintivement : c'était bien la peine de changer de gouvernement ! (Archives de la Mairie.)

XXXI. — POINT DE REGISTRES DE CATHOLICITÉ PENDANT ONZE ANS. POURQUOI ?

Comme nous l'avons mentionné ci-devant en parlant des registres paroissiaux, ceux-ci, le 31 décembre 1792, ont été remis par M. le curé de Vallery entre les mains des conseillers ou officiers municipaux qui, désormais, sont chargés de la rédaction purement civile de ces registres. Or, aux archives de l'église, je n'ai point trouvé trace de registres notant les baptêmes, et les unions matrimoniales et inhumations ayant caractère religieux, depuis le 1er janvier 1793 jusqu'au 1er janvier 1804. Je m'en étonnai tout d'abord sachant que pendant les onze années écoulées dans cet intervalle de temps, il n'y eut qu'environ deux ans d'absence *ostensible* de ministre du culte à Vallery. Je ne peux supposer que pendant les onze dites années les paroissiens de Vallery aient tous abandonné toute pratique chrétienne. Mon étonnement cessa en lisant un communiqué des administrateurs du district de Sens à la municipalité de Vallery. A celle-ci étaient expédiés et un exemplaire d'une proclamation du 2 pluviôse an Ier (22 janvier 1793) venant de Paris, du Conseil exécutif provisoire du Gouvernement, laquelle proclamation devait être notifiée aux curés, et un arrêté du Directoire du département de l'Yonne (du 9 germinal suivant), ce dernier ordonnant *de surveiller les curés et autres ecclésiastiques au sujet de l'observance rigoureuse des dispositions que rappelle la dite proclamation du 22 janvier 1793.*

Voici un résumé de cette œuvre menaçante de la sinistre Assemblée dite Convention. Elle rappelle d'abord à l'exécution de la loi du 20 septembre 1792 enlevant aux curés la rédaction des registres à la fois religieux et civils. Cette loi

veut que lesdits registres soient transférés des églises et des presbytères dans la maison commune de chaque municipalité. Elle fait ensuite observer que, « au mépris de cette
« loi, plusieurs Evêques de la République, sous prétexte de
« constater l'état religieux des catholiques romains, ont
« enjoint aux curés de leur juridiction, de tenir un registre
« double, dans lequel ils inscriraient les baptêmes, mariages
« et sépultures des catholiques, l'un, pour rester toujours
« en leur pouvoir (*d'eux curés*), l'autre pour être déposé au
« secrétariat Episcopal... Ils refusent la bénédiction nuptiale
« à ceux qui ne veulent point se faire publier à l'église. Or
« le Conseil exécutif, considérant que les actes de naissance,
« de mariage, de décès, sont des actes civils (o! sophistes)...,
« que les prêtres n'ont pas plus le droit d'assujettir à la for-
« mule d'un procès-verbal les cérémonies du baptême et du
« mariage que celles de la Pénitence et de tous autres sacre-
« ments... *Que ce serait enchaîner la liberté* des citoyens que
« de soumettre leurs actes religieux à cette formule, que d'ail-
« leurs la loi du 20 septembre le défend expressément. » Cette loi porte : « Article VI, titre V, qu'aussitôt que les Registres
« courants auront été clos, arrêtés et transférés à la maison
« commune, les municipalités recevront les actes de nais-
« sance, de mariage et de décès, conserveront les registres
« et qu'inhibition est faite à toute personne de s'immiscer
« dans la tenue de ces registres et dans la réception de ces
« actes. » Et l'article 3 stipule que le mariage ne sera précédé que d'une publication qui sera faite par l'officier public. D'après cette clause de l'article 3 toute publication ordonnée par les Evêques et faite par les curés est *une insurrection contre la loi* qu'ils ont juré de défendre et de maintenir. *Défense donc aux Evêques d'ordonner aux curés, sous quelque prétexte que ce soit, des actes de baptême, de mariage et de sépulture*, comme aussi des *publications* avant la bénédiction nuptiale et *injonction* aux dits Evêques qui ont donné ces

ordres de les retirer et aux curés de ne point les mettre à exécution sous peine d'être *poursuivis comme réfractaires à la loi*. Ensuite, il est instamment recommandé aux divers corps administratifs de veiller à ce que le clergé se conforme à la présente proclamation.

Il ne fallait pas, ce me semble, une forte dose de raison pour se rendre compte que le *baptême* est autre chose que la *naissance* d'un enfant, que le *mariage religieux* est autre chose que le *contrat civil* devant l'officier public et que *la sépulture chrétienne* d'une personne est autre chose que le *décès* de cette même personne et que l'on pourrait très bien enregistrer l'acte religieux comme on l'a fait depuis, sans préjudicier en rien à l'enregistrement de l'acte civil. Mais il n'y a pire brute que celle qui ne veut point comprendre et qui, étant la plus forte, veut néanmoins paraître dévorer légitimement sa victime. C'est l'éternelle histoire du loup et de l'agneau.

Or, à cette époque, lorsqu'il s'agissait de s'assurer de l'exécution d'une mesure légale, les visites domiciliaires n'étaient point épargnées et malheur à celui chez lequel la moindre infraction était découverte, surtout si c'était un prêtre, le bannissement ou la guillotine pouvaient s'en suivre. On comprend que la plupart des curés n'aient pas jugé à propos de s'exposer à de si graves conséquences pour une inscription commémorative extrêmement utile, il est vrai, mais dont l'omission n'avait rien de contraire à la foi. M. le prieur Tuaud avait cru devoir user de cette mesure de prudence. Depuis environ 27 ans qu'il gérait la paroisse, il connaissait tous ses paroissiens qui lui manifestent dans les occasions données beaucoup de sympathie. Il pourrait donc réparer les omissions forcées quand plus tard la violence des troubles actuels serait apaisée. Il connaissait le proverbe : *Violentum non durat* (un mal violent ne dure pas).

XXXII. — PÉTITION AU SUJET DE LA RÉQUISITION DES CLOCHES

Les mobiliers des églises avaient été inventoriés d'après des ordres venus de haut. Puis bientôt après, au nom de la *Nation* qui en avait besoin pour fabriquer des canons, les cloches sont réquisitionnées de toutes parts. Les habitants de Vallery ne se voyaient pas sans regret, dans la nécessité de livrer les leurs. Enfin, après maintes hésitations, ils consentent à s'exécuter mais non sans réserves. Ils adressent au Conseil général du district de Sens la pétition suivante à la date de fin de janvier 1794. On voit qu'ils ne sont point encore habitués au calendrier révolutionnaire.

« Citoyens ! les Maire et officiers municipaux du bourg
« de Vallery et leurs concitoyens vous exposent qu'ils ont
« à leur église quatre cloches de différentes grosseurs ;
« qu'en vertu de la loi des représentants du peuple ils en
« ont fait descendre trois pour en faire hommage à la Répu-
« blique ; que la quatrième, assez forte, n'est cependant pas
« suffisante pour se faire entendre des écarts éloignés de trois
« quarts de lieues tant pour annoncer les assemblées po-
« pulaires que le service du culte. D'ailleurs, cette cloche
« est très défectueuse et manque par l'anneau. En consé-
« quence, les exposants vous prient de leur accorder une
« autre cloche plus forte en compensation des quatre
« qui sont dans leur commune et qu'ils s'offrent à faire
« conduire au district aussitôt après votre décision. Per-
« suadés de votre justice et de l'utilité de notre demande
« nous nous flattons que vous y ferez droit. »

« Le maire, officiers et habitants de la commune de
« Vallery. »

Suivent quantité de signatures.

Cette pétition très bien rédigée et dans de bons termes, eut le succès espéré et, le 21 pluviôse (11 février suivant) avis en fut donné par cette lettre :

District de Sens. Liberté ou la mort. Sens, 21 pluviôse an II de la République une et indivisible.

« L'agent national près le district de Sens aux citoyens
« maire et officiers municipaux et agent national de la
« commune de Vallery :
« Je vous fais passer, citoyens, expédition de l'arrêté du
« Conseil général du District de Sens du 19 pluviôse qui
« vous autorise à prendre parmi les cloches qui se trouvent
« déposées à Sens une de moyenne grosseur à la charge
« par vous d'amener au chef-lieu du district les quatre qui
« sont en ce moment en votre possession. »
« Salut et fraternité. (*Signé*) Lorillon. »

Et voilà comment disparurent les cloches données par les princes de Condé et comment elles furent remplacées par une seule pesant six cent-quatre-vingt-dix-huit kilogrammes, très ancienne et portant cette inscription : « Je fus faicte et nommée Berthe l'an mil cinq cent sept. » On y ajouta par la suite une seconde petite cloche du poids de 50 kilogs et portant seulement cette invocation : « *Sancte Nicolæ. Ora pro nobis.* » Cette clochette était vulgairement désignée, je ne sais pourquoi, sous le nom de Quentine. (Ces deux anciennes cloches fondues ensemble ont contribué à former la plus petite des trois qui sont suspendues dans le nouveau clocher actuellement existant.)

D'après un passage de la pétition ci-dessus rapportée, nous pouvons conclure qu'il y avait encore à Vallery un culte public au 21 pluviôse an II, c'est-à-dire au commencement de l'année 1794. Mais l'horizon était sombre et les esprits chrétiens étaient agités de graves inquiétudes. On était en plein règne de la terreur...

XXXIII. — ATTENTATS CONTRE LE MAUSOLÉE DE HENRI II DE BOURBON CONDÉ, VIOLATION DE LA SÉPULTURE DES PRINCES

Revenons de quelques pas en arrière relativement à l'ordre chronologique. Le premier maire de Vallery, Claude Garnier, étant décédé le 25 mars 1792, muni, dit le registre de cette année, des sacrements de l'église, il fut remplacé par un nommé Pierre Hesnault. Heureux homme ! qui n'a pas d'histoire. Il eut la chance de ne siéger que peu de mois sur le trône municipal. Je ne sais d'où vint le vent bienfaisant qui le renversa. A la fin de l'année 1792, il est remplacé par le cordonnier Jambon. Je me propose de raconter les divers exploits de ce magistrat et de son inséparable Bonnevet dont la célébrité s'est traditionnellement conservée jusqu'à nos jours.

Un décret de la Constituante, appuyé de lettres patentes du Roi, supprime (à la date du 19 juin 1790) *la noblesse héréditaire de France, les titres nobiliaires, et les qualifications honorifiques.* Il ordonne en même temps la disparition des signes extérieurs qui en rappellent le souvenir, comme *chiffres, livrées, armoiries,* et le reste, *sans pourtant,* est-il dit à la fin, *qu'il soit permis d'attenter aux monuments dans les temples, aux chartes, aux papiers intéressant les familles et les propriétés.* Cette dernière clause glissée en queue du décret, comme une satisfaction à la conscience troublée

VALLERY — Tombeau du Général de La Ferrière dans l'Eglise

de ce pauvre Louis XVI, ne sera qu'un arrêtoir impuissant devant la passion publique déchaînée. Aussi, que de papiers précieux pour l'histoire et que de monuments artistiques ont été lacérés, mutilés, détruits par suite de ce décret de nivellement social contre nature. Le monument de Vallery faillit être du nombre.

Déjà depuis un certain temps, il était question parmi les républicains les plus avancés d'enlever cet objet qui offusquait leurs regards. Mais les hommes réfléchis et les mieux considérés dans la localité étaient d'avis contraire. Malgré cette opposition des gens raisonnables, on en vint aux voies de fait contre lui, en novembre 1792. M. Quantin, archiviste de l'Yonne, a écrit, sur les dégradations qu'on lui fit subir, une notice publiée dans le Bulletin des Sciences de l'Yonne. Nous lui empruntons son récit (en résumant ce qui est susceptible de l'être).

« A la fin de 1792, dit M. Quantin, alors que la fièvre révolutionnaire ne s'attaquait encore qu'aux signes extérieurs de ce qu'on appelait avec emphase *la féodalité*, une atteinte malheureuse avait été portée aux ornements en cuivre qui décoraient la frise du mausolée des princes de Condé... Le Conseil général du district de Sens informé (par les partisans de sa conservation) des premières attaques portées contre le monument de l'église de Vallery, prit, le 24 novembre 1792, une délibération *pour inviter la municipalité de Vallery à ce qu'il ne soit porté aucune atteinte à ce monument et à constater la dégradation qui pourrait y être faite.* Il envoya en même temps un peintre sculpteur nommé Pierson ou Person, qui demeurait à Sens, pour lui rendre compte de l'état des choses afin d'en informer ensuite la Convention.

« Pierson, arrive à Vallery deux jours après, se rend à l'église et dresse son rapport en présence du maire, du procureur de la commune et d'un certain nombre d'habitants... Y signale les dégradations commises. Des écussons fleurdelisés que tenaient deux génies avaient perdu leurs armoiries. On avait enlevé de la frise les chiffres et les fleurs de lys, ainsi que les armoiries, et une partie des guirlandes qui ornaient le tombeau. Tous ces objets étaient en cuivre.

« Jambon, maire de Vallery, animé d'un beau zèle, avait lui-même enlevé ces ornements et les avait fait déposer à la mairie en attendant que l'administration du district en ordonnât la destination. Pierson en était là de son enquête, lorsque le procureur de la commune (Bonnevet) vint lui annoncer que des citoyens de Vallery venaient de traiter non seulement de la vente des ornements enlevés, mais encore de ceux qui restaient au monument. Aussitôt il courut au *cabaret* où se traitait l'affaire et où il trouva le maire et une foule d'individus... Sur ses observations : qu'ils outrepassaient leurs droits, il reçut d'un horloger de Villeneuve-la-Guyard, nommé Durand, qui s'était déjà rendu acquéreur d'une partie des cuivres, l'assurance qu'il répondait de tout et que d'ailleurs les habitants de Vallery avaient le droit de vendre ces ornements. Sur quoi Pierson termine son procès-verbal et revient à Sens. »

Mais le Conseil général du district de Sens, stimulé par un décret tout récent de la Convention *qui chargeait la Commission des monuments de veiller à la conservation des objets qui peuvent intéresser essentiellement les arts*, se fit un devoir d'empêcher que les projets des destructeurs de l'œuvre de *Gilles Guérin* fussent continués, et il manda devant lui, le 29 novembre, le maire et le procureur de la commune de Vallery et leur fit subir un interrogatoire.

Fort habiles furent Jambon et Bonnevet dans leurs réponses dont voici la substance : Différents particuliers de la commune souffrant impatiemment dans leur église un monument tenant à la féodalité avaient manifesté l'intention de le détruire. Eux, chefs de la commune, craignant de se compromettre en tolérant cette destruction, vinrent à Sens consulter le citoyen Douine, procureur syndic, homme éclairé. Celui-ci leur dit qu'ils avaient le droit de détruire tout ce qui tenait à la féodalité, ajoutant qu'ils n'auraient pas dû tarder si longtemps à supprimer le dit monument. D'après cette parole, ils ne virent plus aucun inconvénient à se prêter aux vœux des destructeurs. Toutefois, ne le faisant pas sans regrets, ils ont d'abord fait enlever les ornements de cuivre (écussons, chiffres, fleurs de lys, armoiries), pensant par cette concession sauver le corps du mausolée, dont le mérite était d'ailleurs complètement ignoré des gens de Vallery jusqu'à l'arrivée du citoyen Pierson, nonobstant l'intervention duquel, voyant la persistance des gens dans l'idée d'un entier anéantissement, ils avaient vendu les cuivres, tant ceux qui étaient déjà enlevés que ceux qui devaient l'être, moyennant la somme de 400 livres, payables le 30 de ce mois.

Eux partis, le citoyen Douine fut appelé pour savoir de lui la vérité sur la visite des deux chefs municipaux de Vallery et sur son entretien avec eux. Douine ne nia pas avoir été consulté et avoir dit que la loi exigeait la disparition de *tout ce qui tenait à la féodalité*. Mais il ignorait la valeur artistique du monument de Vallery. En ayant été instruit par l'enquête du citoyen Pierson, il avait écrit à la municipalité de Vallery pour lui conseiller d'attendre la décision des administrateurs du district, lui disant qu'elle se compromettrait si elle passait outre.

L'horloger de Villeneuve-la-Guyard, Henri-Nicolas Durand, est introduit à son tour et prié de s'expliquer sur son acquisition des cuivres. Il argue de sa bonne foi, et la prouve à peu près ainsi qu'il suit : Le 24 novembre lui arrive, portant des échantillons de cuivre, un envoyé de la municipalité de Vallery le pressant, de la part de cette dernière, de venir acheter 160 livres de pareils objets, tout prêts à lui être livrés et une plus grande quantité dont elle prétend disposer. Ne pouvant immédiatement partir il n'est point *lâché* par le commissionnaire qui couche à Villeneuve-la-Guyard et l'emmène à Vallery le lendemain. C'était un dimanche. Or, ce jour-là, il y avait élection d'un juge de paix à Chéroy. Le maire de Vallery, obligé de s'y rendre, fait attendre l'horloger jusqu'au soir, et le soir venu on le remet au lendemain, pour conclure le marché. Le lendemain, le maire et les officiers municipaux réunis au cabaret lui garantissent qu'ils ont l'autorisation de vendre, obtenue par eux du procureur syndic de Sens. Il achète donc tout ce qui est matière de cuivre provenant du mausolée, à la charge par lui de remplacer les barreaux du dit métal des grilles et portes, par des barreaux de bois peints de même couleur, de reboucher avec du plâtre les trous occasionnés par l'extraction des crampons assujettissant les guirlandes et de verser une somme de 400 livres lors du dernier enlèvement des cuivres et les frais d'un *écho* qui eut lieu au cabaret, se montant à la somme de 60 livres et un surplus de 5 livres d'arrhes. Le maire, le procureur et un des officiers municipaux furent des principaux acteurs à la table du cabaret à laquelle lui, ne resta que peu de temps. Il part, emportant une première livraison sur une bête asine, accompagnée du commissionnaire qui ramènera la bête avec de la peinture et du plâtre nécessaires aux réparations convenues.

Des occupations urgentes le retenant, il tarde à revenir pour le dernier chargement. Il reçoit, par l'occasion d'un nommé Orsin, une lettre le pressant de venir achever l'enlèvement des cuivres, et surtout d'apporter la somme stipulée. La lettre exprime des inquiétudes relatives à ces retards. Durand dépose la lettre comme pièce à conviction sur le bureau des administrateurs et se retire après avoir, comme les autres l'avaient fait, signé sa déposition.

Séance tenante, les administrateurs du district arrêtent : qu'à la diligence du procureur syndic, *il sera du tout référé à la Convention nationale pour par elle être statué ce qu'il appartiendra, à l'effet de quoi expédition de toutes les pièces lui seront envoyées.*

Mais, dit M. Quantin, cette assemblée, entraînée dans le tourbillon des grandes affaires de cette époque, ne paraît pas avoir donné suite à celle-ci. Néanmoins l'autorité du district, soit en imprimant une certaine crainte aux malintentionnés, soit en faisant apprécier aux habitants de Vallery le trésor artistique qu'ils possédaient, ne contribua pas peu à sauver de la destruction la partie principale du monument, je veux dire les statues et l'ordre architectural.

Du reste, en supposant que les municipaux eussent tout fait renverser et briser, quel parti eussent-ils pu tirer des blocs mutilés bons à peine à entrer comme pierre à bâtir dans quelque construction ? Les frais de démolition eussent été difficilement couverts par la vente des débris. Cette réflexion fut le réfrigérant le plus efficace pour les instincts avides des citoyens *acteurs assidus à la table du cabaret.*

Si le prestige du génie de la sculpture ou simplement la crainte de la justice humaine, empêchèrent la stupidité révolutionnaire de consommer la ruine du mausolée élevé à la mémoire d'un membre de la famille princière des Bourbon-Condé, ni le respect dû aux morts, ni les services rendus à la patrie française par les plus distingués de cette famille ne préservèrent leur sépulture d'une odieuse profanation. C'est le 9 germinal an II (30 mars 1794) qu'eut lieu à Vallery cette orgie macabre. On était en pleine terreur. Environ cinq mois auparavant (octobre 1793) les tombeaux des Rois de France à l'Abbaye de Saint-Denis avaient été fouillés sous prétexte d'en extraire le plomb des cercueils nécessaire à la fonte des balles destinées à l'ennemi, mais, en réalité, par esprit de haine contre la famille royale ; ceux de leurs parents inhumés à Vallery, pour les mêmes motifs, ne seront point épargnés.

Un commissaire du district de Sens arrive porteur d'un ordre du redoutable Comité de Salut public d'ouvrir le caveau des princes de Condé, placé sous le maître autel de l'église et d'en retirer les corps des défunts qui y sont contenus. Je ne sais si l'autorité locale se prêta volontiers à cette répugnante besogne. En tout cas l'opposition qu'elle eût faite eût été inutile et eût pu avoir des conséquences qu'elle n'eut sans doute pas même la pensée d'affronter. Le caveau fut donc ouvert et les cercueils au nombre d'une douzaine solidement liés avec des cordes furent remontés un à un à la surface du sol et traînés dans le cimetière attenant. Un nommé Pierre Farnault, manouvrier requis, avait creusé pendant ce temps-là, dans un coin à droite en entrant, tout près de la porte principale (il y a deux portes au cimetière de Vallery) une longue et large tranchée, et c'est dedans que furent jetés pêle-mêle, sous les yeux du maire Jambon, et du procureur Bonnevet, les douze corps des princes qui, par l'effet de l'embaumement s'étaient jusqu'alors assez bien conservés.

D'après la tradition, peu de gens du pays prirent part ou assistèrent à cette horrible scène. Quelques enfants entraînés par la curiosité, malgré la défense de leurs parents, se glissèrent furtivement dans l'église et dans le cimetière, considérant avec une frayeur muette ce qui s'y passait. Ils seront plus tard de sûrs témoins quand il s'agira de retirer de la fosse et de réintégrer dans leur caveau les débris des corps ainsi maltraités. La tradition rapporte encore que le cercueil du vainqueur de Rocroi et de Lens étant brisé, les sauvages violateurs de son repos, à l'aspect de la physionomie martiale qu'il avait gardée jusque dans la mort s'arrêtèrent saisis d'un indicible, émoi et n'osaient porter sur lui leurs mains sacrilèges ; puis songeant que ce n'était plus qu'un cadavre inoffensif ils surmontèrent leur peur et achevèrent leur abominable entreprise.

Le corps de Louis Ier de Condé (le Huguenot) inhumé en dehors de l'église en sa qualité d'hérétique dut à cette humble position d'échapper à la rapacité républicaine. Sur chaque cercueil des princes, il y avait simplement une plaque de cuivre rappelant le nom, l'âge et la date de la mort de celui dont il renfermait le corps. Le grand Condé lui-même n'avait qu'une inscription semblable. Elle portait :
« Ici est le corps de très haut, très puissant et très magna-
« nime prince Louis de Bourbon, prince de Condé, premier
« prince du sang, lequel est décédé à Fontainebleau, le onze
« décembre 1686, âgé de 65 ans et trois mois. »

XXXIV. — VISITE DOMICILIAIRE AU CI-DEVANT CHATEAU, COMITÉ DE SURVEILLANCE NOMMÉ.

L'Assemblée Constituante avait simplement décrété la *disparition* des signes extérieurs qui rappellent le souvenir de la féodalité ; la Convention renchérissant sur sa devancière, ordonne carrément la confiscation par un décret du 12 thermidor an Ier (1er août 1793). L'habitation seigneuriale de Vallery devait naturellement être un repaire abondant de ces *signes* exécrés. Conformément donc au décret susdit, les citoyens Jambon et Bonnevet et quelques autres officiers de la commune se décidèrent tardivement, il est vrai, à faire l'inspection extérieure et intérieure du ci-devant château. M. Charles Michel Cordier de Montreuil, fils de Claude René Cordier de Montreuil, unique rejeton des acquéreurs M. et Mme René Cordier de Launay, en était le propriétaire. Il était absent, mais représenté par un régisseur, Antoine Blanc, qui reçut assez poliment les visiteurs procédant, non sans un certain embarras, à cette corvée inquisitoriale le 19 vendémiaire an II (11 octobre 1793). Ces inquisiteurs dressent ainsi qu'il suit la liste des objets soumis à la confiscation :

1° Un drap mortuaire de velours noir garni de quatre écussons, doublé de toile ;

2° Deux parements d'autel et deux tentures, le tout de velours noir, garnis chacun de quatre écussons et ayant une croix blanche dans le milieu ;

3° Un vieux grand drap de serge noire, garni de velours noir aux deux bouts, sur lequel sont attachés cinq écussons dont trois peints sur papier et deux sur toile, attachés sur ledit drap. Lesdits écussons aux armes dudit citoyen Cordier Montreuil ;

4° Deux tentures de serge noire, garnies chacune de deux écussons ;

5° Trois chapes de velours noir, doublées de toile noire, à chaperons blancs, garnies de galons d'argent, ayant chacune un écusson ;

6° Une chasuble pareil velours, ayant une croix blanche et deux écussons derrière, galons d'argent, doublée de satin noir ;

7° Deux tuniques aussi de pareil velours, ayant un écusson garni de blanc, galonnées d'argent, et à glands aussi d'argent. Tous les dits écussons sont aux armes des ci-devant princes de Condé ;

8° Un petit eau-bénitier, avec son goupillon, le tout d'argent vermeillé ou argent doré, sur lequel eau-bénitier sont gravées les armes des ci-devant princes de Condé. Lesquels objets servent ordinairement, ainsi que le citoyen Blanc nous l'a déclaré, à l'acquit d'une fondation dont a été grevé l'aïeul dudit citoyen Cordier Montreuil lors de son acquisition de la ci-devant seigneurie de Vallery ;

9° Un tableau peint sur toile, sur lequel sont écrits ces

mots : *Jacques-René Cordier de Launay, trésorier général de l'extraordinaire des guerres,* 1728, *contrôleur des chevau-légers de la garde du roi* 1732. Au-dessus duquel écrit, à droite du dit tableau nous avons trouvé les armes du dit Jacques-René Cordier de Launay, lesquelles armes qui étaient peintes, le dit citoyen Blanc, s'est mis à effacer, et dans un habillement en peinture, du dit tableau, sont trois fleurs de lys et autres fleurs en forme de cordons. Le dit tableau a un cadre de bois doré de deux pieds six pouces de large, sur trois pieds de hauteur.

Tous lesquels objets, nous, maire et officiers municipaux, nous avons au nom de la Nation et de ladite loi, confisqués au profit de la nation comme portant des signes caractéristiques de la féodalité, et de la royauté, pour être transportés au district de Sens. (*Signé*) Jambon, maire, Edme Bénard, Louis Bahout, officiers municipaux ; Bonnevet, procureur de la commune.

Toutes les pilleries des églises et des châteaux opérées par les républicains ont toujours lieu au nom et au profit de la nation qui n'en profite guère, car malgré cela son budget est toujours en déficit à tel point qu'à la fin elle est obligée de se déclarer en faillite en vendémiaire an VI (octobre 1797). (Lire : Histoire de France Tiers-consolidé.)

Trois jours après l'exploit ci-dessus mentionné, les officiers municipaux de Vallery convoquèrent leurs administrés à une réunion plénière à l'effet d'établir parmi eux un comité de surveillance. Douze membres furent désignés. C'était le nombre légal. Cette institution ne fut qu'un rouage de circonstance ajouté à la machine administrative des municipalités. Il était la conséquence logique de la loi *des suspects* votée par la Convention, le 3 fructidor précédent (17 septembre). Nous avons remarqué que le procès-verbal de la délibération annonçant la naissance de ce nouveau corps municipal débute par les mots : « Liberté, Egalité ou la mort. C'est la seule fois que nous ayons trouvé cette formule sinistre en tête d'une pièce d'écriture de la municipalité de Vallery.

La fraternité y est négligée comme de juste ; un comité de surveillance ne doit plus connaître ni père ni mère.

XXXV — L'ÉGLISE DÉDIÉE A L'ÊTRE SUPRÊME. PRESBYTÈRE ENLEVÉ AU PRIEUR-CURÉ QUI QUITTE LA PAROISSE.

Dans le courant de mai 1794, le Conventionnel Robespierre, de tragique mémoire, dans un discours qui eut un grand retentissement, avait exprimé devant l'Assemblée, avec une sorte d'audacieuse franchise, sa profession de foi à l'existence de *l'Etre suprême* et proposé d'instituer des *fêtes nationales* en son honneur. Ce nouveau culte devait, selon l'intention de l'orateur, remplacer *les superstitions* de l'Eglise catholique. Cette profession de foi et la proposition qui en découlait, mises ainsi en avant par l'un des plus redoutés et par conséquent des plus influents membres de la Convention, trouvèrent rapidement de l'écho dans cette foule d'esprits toujours prêts à se courber servilement devant les volontés sortant de l'ordinaire, des puissants du jour. Aussi, le 11 messidor (1er juillet), le Conseil municipal de la commune de Vallery s'empresse de présenter aux administrateurs du district de Sens une délibération « ten-« dante à être autorisée : 1° à dédier à l'Etre suprême la « ci-devant église dudit lieu ; 2° A prendre pour maison « commune le ci-devant presbytère ; 3° A conserver la ci-« devant bannière pour en faire un *oriflamme républicain* (1).

(1) Oriflamme est féminin. Les municipaux n'étaient pas obligés de le savoir.

C'était probablement la bannière rouge portant l'image de Saint-Quentin, patron de la paroisse ou de Saint-Thomas de Cantorbéry, patron de l'église, deux martyrs. Peut-être était-ce la bannière qui existe encore et qui, par suite d'un autre arrêté d'une municipalité républicaine interdisant les processions en vertu du principe de la liberté de conscience, est condamnée à une complète réclusion depuis l'an 1880.

Quoiqu'il en soit de l'identité de la susdite bannière, la réponse à la requête du Conseil municipal se fit attendre. On comprendra ce retard, si l'on se remet en mémoire les sanglants événements de cette période révolutionnaire affreusement troublée. Un revirement d'opinion s'était produit au sein de la Convention, contre Robespierre. Il fut décrété d'accusation, et le 10 thermidor (30 juillet), il était traîné à la guillotine sur une des charrettes qui, les 9, 10, et 11 thermidor, y conduisirent successivement quatre-vingt onze membres de la municipalité de Paris. Enfin, le 22 vendémiaire an III (15 octobre 1794), les administrateurs du district de Sens, un peu rassérénés, se ressouvinrent de la demande des municipaux de Vallery et y répondirent en ces termes :

Liberté, Egalité, Fraternité *ou la mort.*

« Sur le rapport de la délibération du Conseil général de la commune présentée le 11 messidor, vu la loi du 25 brumaire dernier qui destine *au soulagement de l'humanité souffrante* et à l'instruction publique, les églises et presbytères des communes qui auront renoncées (textuel) au culte public, l'agent national entendu, le Conseil général du district de Sens arrête : que la municipalité de Vallery est et demeure autorisée à dédier à l'Etre suprême la ci-devant Eglise du dit lieu et à s'emparer provisoirement du ci-devant presbytère, pour en faire le lieu de ses séances, à la charge néanmoins des réparations, à l'effet de quoi le ci-devant curé de Vallery sera tenu de sortir du dit presbytère dans le mois de la notification du présent arrêté. En outre que la municipalité est et demeure autorisée à conserver la bannière qu'elle réclame à la charge de justifier, dans la quinzaine, de sa transformation, en oriflamme républicain. (*Signé*) Bonnetat, président d'âge, Regley, secrétaire. Demay, Dufour, Leroux, Langaudin, Lescuyer, Josselin, administrateurs ; Lorillon, agent national ».

Donc, visant un article de la loi *du 25 brumaire dernier* s'intéressant à *l'humanité souffrante*, les chefs républicains du district de Sens autorisent les municipaux de Vallery à chasser de chez lui, à la veille de l'hiver, un vieillard depuis plus d'un quart de siècle leur bon curé. La maison qu'il habitait, avait été donnée aux habitants de Vallery, et solennellement acceptée par eux, pour logement du curé. Cet ordre d'expulsion avait donc un double caractère d'injustice et de cruauté et les expulseurs osent s'appuyer sur une loi qui a l'air de songer au *soulagement de l'humanité souffrante*. Quels cafards sinistres, ces républicains !

Pendant mon séjour à Vallery (de 1872 à 1885), j'ai connu particulièrement une personne âgée de 65 à 70 ans qui, jouissant de toutes ses facultés et ayant conservé ses convictions et pratiques religieuses, était pour moi un témoin digne de foi. Dans les occasions que j'eus souvent de causer avec elle, j'amenais de temps en temps la conversation sur les anciens curés de Vallery et spécialement sur M. le prieur Tuaud. Cette personne me répéta maintes fois qu'étant enfant, elle en avait beaucoup entendu parler à sa mère. C'était, d'après son dire, un prêtre très exact dans l'accomplissement des devoirs de son ministère. Avant de partir, il alla faire ses adieux à certaines familles qu'il savait être restées fidèles à leurs sentiments religieux. Mes parents furent du nombre, la séparation n'eut point lieu sans larmes. Il y avait près de 30 ans qu'il habitait Vallery. Comme on le pressait de rester ; « *Non*, répondait-il, secouant la tête avec une profonde tristesse ; « non ! je ne le peux, les affaires vont trop mal. » On lui fit promettre de revenir quand le calme serait rétabli car il était impossible qu'une pareille perturbation sociale durât longtemps. Il était natif de la Bretagne, province où la Religion était profondément enracinée et où les prêtres trouvaient plus de sympathie. Il alla, croit-on, s'y réfugier. Il y avait encore un prêtre à Vallery, M. l'abbé Piot, chapelain des princes de Condé. Son grand âge, sa position indépendante l'y retinrent entouré de respect. Il y mourut l'année suivante. Nous avons transcrit la copie de son acte de décès rédigé au registre civil en style de l'époque : « Aujourd'hui quartidi (4e jour de la décade) 24 fructidor (11 septembre), an 3e de la République (1795) à deux heures du soir, Pierre Mithouard et Rose Gillet déclarant au membre de la municipalité Pierre Hénault, le décès de Nicolas Gatien Piot, âgé de quatre vingt cinq ans, prêtre, fils de Piot Nicolas en son vivant marchand à Voulx (Seine-et-Marne) et Marie Françoise Mergery, ses père et mère. Le dit est mort à deux heures du matin en son domicile, carrefour de l'église, section du bourg. Ont signé : Marie-Jeanne Rose Gillet et Pierre Mithouard, voisins. »

Pauvre vieillard ! il n'eut probablement, ni à son lit de mort, ni à la descente de son corps dans la fosse, un confrère ami, pour rassurer son âme par une sentence de pardon à ses fragilités, et donner à son corps une dernière bénédiction. Mais Dieu, dans sa bonté infinie, aura suppléé à ce dont la malice des hommes privait son vieux serviteur.

XXXVI. — RARETÉ DES VIVRES. JAMBON ET BONNEVET EN PRISON.

En ce temps-là, soit que la saison eût été peu favorable aux récoltes, soit que la culture des terres eût été négligée pendant que les campagnards, tout ahuris du nouvel ordre de choses, politiquaient ou jouaient aux soldats, soit peut-être le concours simultané de ces diverses causes, toujours est-il que la disette des vivres se faisait sentir partout, et que les marchés publics étaient insuffisamment approvisionnés.

La Convention, soupçonnant que cette rareté des subsistances sur les marchés était le fait d'oppositions calculées, crut devoir décréter à la date du 15 vendémiaire an 1er (8 octobre 1792) la peine de mort (rien que cela) contre ceux qui se *seront opposés directement à la circulation des subsistances* ou qui auront *provoqué ou dirigé des attroupements contre cette libre circulation*; et la peine d'une *année de fers* seulement contre ceux qui *seront saisis dans ces attroupements*.

Bien que le mot de liberté fût en tête de tous les écrits et sur les lèvres de tout le monde, la chose, en fait, n'existait point même dans les transactions les plus ordinaires. Il y avait une taxe sur les grains. Le prix du blé ne devait pas dépasser 4 livres 8 sols le bichet, c'est-à-dire les 40 litres et le bon méteil 3 livres 12 sols. Cette entrave mécontentait les cultivateurs qui eussent mieux aimé vendre, selon leur expression, à leur mot. La dite taxe, jointe à la médiocrité des récoltes, les retenait loin des marchés.

Les officiers municipaux avaient beau se réunir, fulminer des délibérations, ordonner des battages, dresser des statistiques, après visites domiciliaires, rien n'y faisait. Le zèle de la municipalité de Vallery, sous ce rapport, n'avait point été couronné de succès. C'est pourquoi elle fut l'objet spécial d'une lettre menaçante de la part de l'administration du district. En voici le texte :

« Sens, le 23 brumaire an III (15 octobre 1795).

Liberté — Egalité — Fraternité *ou la mort...* Citoyens,

« Nous vous prévenons que si sous les 24 heures vous n'avez

pas fait conduire au marché de Sens les 7 quintaux que vous devez sur vos réquisitions décadaires, nous enverrons, aussitôt le délai expiré, un détachement de 50 gardes nationaux en votre commune et qui y seront à vos frais, comme étatn les auteurs de la disette qui règne, puisque vous vous obstinez à ne pas faire les réquisitions qui vous sont ordonnées pour l'approvisionnement de cette grande commune. Vous êtes prévenus de donner au porteur (un exprès) **un reçu de la présente.** (Signé) Bonnetat, président d'âge, Regley, secrétaire. »

Cette menace fut communiquée aux fermiers et propriétaires qui y demeurèrent assez indifférents, si bien que le maire Jambon et le procureur Bonnevet, rendus responsables de cette résistance passive, furent empoignés par les gardes nationaux et conduits en prison à Sens, où ils séjournèrent jusqu'au 27 frimaire suivant (19 décembre). Ce jour-là, ils furent mis en liberté par le représentant du peuple Guillemardet qui, avant de les lâcher, leur adressa une petite admonition pouvant se résumer ainsi : « Vous n'êtes que de pauvres sots ; en cette considération, la République généreuse vous pardonne, mais ne vous y faites point reprendre (1). » Ils ne se le firent pas dire deux fois ; ils rentrèrent à Vallery, se félicitant d'en être quittes à si bon compte. A partir de ce jour, je ne retrouve plus sur aucun papier administratif, les noms des deux personnages fameux de la municipalité révolutionnaire de Vallery. J'ai quelque raison d'en conjecturer que leur hivernage d'un mois à la prison de Sens refroidit *sensiblement* l'ardeur de leur zèle républicain.

(1) En réalité l'allocution du sieur Guillemardet finit en ces termes solennels..... « s'il est juste de pardonner les erreurs, il est aussi de la « plus grande importance, pour la tranquillité publique, de prévenir toute « nouvelle opposition ou **tout retard des réquisitions** ». On avait abusé des mesures de rigueur la France en était lasse. (Archives de la mairie de Vallery.)

XXXVII. — VALLERY CHEF-LIEU D'ARRONDISSEMENT SCOLAIRE.

Dans son *Histoire de France*, M. Duruy rappelle à la louange de la Convention, sa création d'écoles primaires comme si, auparavant, elles eussent été inconnues. Or l'ordre chronologique nous amène à ce moment à parler de l'organisation de ces sortes d'écoles, vu que Vallery y a sa place privilégiée. Depuis longtemps, cette sorte d'enseignement y était pratiqué sous le nom de *petites écoles*. Nous voyons en 1614 lors de la donation à la paroisse d'une maison curiale par le Prince de Condé, que c'était un vicaire qui était chargé de la tenue des dites petites écoles. Puis, quand il y eut des chapelains, l'un de ceux-ci avait l'obligation d'instruire les enfants. La dépréciation du numéraire ou d'autres motifs ne permettant plus la résidence à Vallery des chapelains ou d'un vicaire, un laïc, suffisamment lettré, remplace l'instituteur clérical. Ce laïc, pour augmenter son modeste traitement, cumule les fonctions de maître d'école et de greffier au bailliage. Pendant à peu près cinquante ans apparaissent, tant sur les registres de catholicité que sur les vieux papiers du greffe, où leurs signatures révèlent leur existence, les noms de Rolland père et de Rolland fils, à la fois greffiers et maîtres d'école (et disons entre parenthèses qu'ils avaient une écriture superbe). Vers 1774, un M. Tourlier leur succède dans les mêmes fonctions. Chaque localité avait comme Vallery sa *petite école* à la direction et aux frais de laquelle il était pourvu de diverses manières.

Le 19 ventôse an III (10 mars 1795), avis est donné par le District de Sens à la municipalité de Vallery d'une réforme des petites écoles que l'on désignera désormais sous le nom d'*écoles primaires*.

La Convention avait décrété qu'il y aurait *une école par plus de mille habitants situés sur un rayon d'environ* 2.000 *toises à la ronde*, c'est pourquoi on donna la dénomination *d'arrondissement scolaire* à ces concentrations d'écoliers. L'ensemble des communes du District de Sens fut divisé en 30 *arrondissements* devant former 36 écoles. Vallery a l'honneur d'être un chef-lieu auquel sont annexés Villethierry et Dollot. Ces trois communes forment un total de 1751 habitants dans lequel total Vallery n'entre que pour 660.

Il y avait dans chaque chef-lieu d'arrondissement scolaire, et par conséquent à Vallery *un jury d'instruction*, comme on dirait aujourd'hui une commission scolaire, qui devait pourvoir à la nomination des instituteurs et institutrices, et à leur logement dans les ci-devant presbytères. *Les localités*, dit le décret conventionnel, *où il n'est point reconnu d'instituteur ou d'institutrice nommés légalement, cesseront de toucher un salaire de la République.*

Cette réglementation devait nécessairement occasionner à une quantité d'enfants, vu les distances qu'il sauraient à parcourir pour se rendre à leurs écoles respectives, de grandes difficultés, pour ne point dire des impossibilités physiques. Aussi, après quelques essais malheureux qui n'eurent pour résultat que de troubler le régime scolaire en vigueur, la dite réglementation fut jugée impraticable, absurde. Nous ne croyons donc point qu'il faille accorder des éloges à ses inventeurs (n'en déplaise à M. Duruy). Ils avaient pourtant une telle bonne opinion de leur œuvre, qu'ils en espéraient des effets merveilleux. Ils s'en vantent dans de prétentieuses considérations dont ils la font précéder, comme d'un boniment où nous avons cueilli les belles phrases suivantes (Archives de la mairie) :

« La régénération des mœurs, et surtout l'affermisse-
« ment de la République, dépendent essentiellement de

« l'instruction... Ses résultats peuvent seuls constituer la
« force et la durée du gouvernement... Le fanatisme et la
« superstition (*on sait ce que cela veut dire en langage
« républicain*) y trouveront nécessairement leur tombeau...
« Il ne suffit pas d'être régénérés à la liberté, il faut encore
« régénérer la morale publique et elle ne peut l'être que par
« l'instruction... il ne nous servirait à rien d'avoir vaincu les
« tyrans, si le territoire français ne se couvrait de citoyens
« instruits et vertueux comme ses frontières se couvrent de
« défenseurs ! » Ces chefs révolutionnaires, tant ceux du
temps passé que du temps d'aujourd'hui, ont tous la même
toquade. Ils veulent absolument que l'instruction soit l'essentiel et unique moyen de régénérer les mœurs, quoique
l'expérience leur prouve le contraire.

XXXVIII. — LE PRIEUR TUAUD RÉAPPARAIT ET MEURT A VALLERY.

La journée du 10 thermidor provoqua dans la France
entière un long soupir de soulagement. La chute du sanguinaire conventionnel Robespierre eut pour résultat une atténuation marquée dans les mesures de rigueur employées
contre les ecclésiastiques *insermentés* (refusant le serment à
la Constitution civile du clergé condamnée par le Pape).
Ceux d'entre eux qui avaient quitté leur paroisse pour se
soustraire à la déportation ou à la guillotine se hasardaient
à y revenir espérant les jours meilleurs dont il leur semblait
voir poindre l'aurore. M. le prieur Tuaud fut de ce nombre.
Après une vingtaine de mois d'absence, il reparut à Vallery.
La même personne qui m'a raconté les impressions causées
à ses parents par son départ, m'a rappelé celles que leur

produisit sa réapparition. Il était tellement changé, me dit-elle, tellement vieilli, qu'on avait peine à le reconnaître, effet des souffrances morales qu'il avait éprouvées par suite de l'éloignement de sa chère paroisse. Les dernières années de sa vie se passèrent à relever, selon le possible, avec l'aide de Dieu, les ruines spirituelles et même matérielles que la tourmente révolutionnaire avait accumulées à Vallery, comme partout ailleurs, sur son désastreux passage.

La Convention, après trois ans de luttes, d'exécutions, de tempêtes politiques, s'était enfin dissoute le 5 vendémiaire an III (26 octobre 1795), léguant à la France une nouvelle Constitution gouvernementale. Cette Constitution établissait un pouvoir exécutif composé de cinq *directeurs* (d'où le nom de Directoire) de deux conseils, celui des *Cinq cents*, qui proposait et discutait les lois, celui des *Anciens*, qui les acceptait ou rejetait. Les cinq premiers membres du Directoire étaient des conventionnels. Deux plus modérés inclinaient à l'ordre et à la paix, les trois autres aspiraient à la violence et à la tyrannie. Dès le mois de janvier 1796 cette *majorité* du *Directoire* rouvre les hostilités contre la Religion et le Clergé. *Elle* enjoint à tous ses agents l'observation rigoureuse des édits de proscription transmis par *l'Assemblée Législative à la Convention*. Les ecclésiastiques fidèles à Dieu et au devoir envers l'Eglise, *elle* les appelle *les mauvais prêtres* et dit à ses agents : « Que la loi qui comprime, qui frappe et qui déporte les réfractaires (1) reçoive une entière exécution... désolez leur patience, ne leur donnez pas un moment de relâche, que sans vous voir, ils vous sentent partout et à chaque instant. » M. le prieur Tuaud put souffrir de ce genre de persécution sournoise, mais cela n'alla pas jusqu'à le faire quitter une seconde fois sa paroisse.

(1) C'était le nom donné par les ennemis du clergé aux prêtres refusant le serment à la Constitution civile du clergé.

Les curés, d'ailleurs, bénéficiaient de l'acharnement des membres du Directoire à se disputer entre eux la supériorité du pouvoir. Les quelques années de leur régime gouvernemental ne furent qu'une suite de coups d'Etat, auxquels mit fin celui du 18 brumaire an 8 (1799), opéré par Napoléon Bonaparte à son retour d'Egypte. Une autre forme de gouvernement, qu'on appela le *Consulat*, s'en suivit et inaugura pour la France un régime d'ordre et de réparations à l'intérieur, en même temps que de gloire à l'extérieur. Entre le Pape et le premier consul Bonaparte fut stipulé le traité de paix religieuse appelé *Concordat* qui, entre autres mesures de justice, garantit aux curés la jouissance des églises et des presbytères. M. le prieur Tuaud put ainsi terminer paisiblement dans le sien sa carrière mouvementée. J'ai lu, sur le registre civil de la mairie, son acte de décès libellé comme suit : « L'an 12 de la République françoise, le « 2ᵉ jour de vendémiaire (24 septembre 1804), déclaration « devant le citoyen Français, Louis Letteron, officier d'état-« civil, par Pierre-Jean Gaillard, propriétaire, et Ambroise « Drugeon, son voisin, du décès du citoyen Bonaventure « Toussaint Tuaud, né à Hennebon, département du Mor-« bihan, âgé de soixante-dix ans, profession de ministre du « culte catholique, domicilié à Vallery, fils du citoyen Jean « Tuaud et de Louise Peron, son épouse. Ont signé : Gail-« lard, Drugeon, Letteron. »

Nous donnerons plus loin la suite des curés de Vallery depuis M. le prieur Tuaud jusqu'à nos jours.

XXXIX. — COMMENT LA FONDATION DE HENRI II DE CONDÉ, SAUVÉE DU NAUFRAGE ARRIVE JUSQU'A NOS JOURS.

Les décrets de l'Assemblée Nationale, qui réunissaient au domaine de l'Etat (nous avons dit à quelles conditions), tous les biens ecclésiastiques, mirent en péril l'exécution du testament du prince Henri II de Condé fondant, comme on sait, au profit des chapelains et de l'église de Vallery, une rente annuelle perpétuelle de 1100 livres tournois, hypothéquée sur ses biens.

Depuis l'époque de la promulgation des dits décrets, c'est-à-dire depuis 1790 jusqu'en 1803, cette exécution fut sinon complètement interrompue, du moins laissée en grande souffrance. Le 7 thermidor an XI (27 juillet 1803), le gouvernement ayant décidé que « les biens des fabriques non aliénés ainsi que les rentes dont elles jouissaient et dont le transfert n'a pas été fait, sont rendus à leurs destinataires »; la fondation du prince fut remise en vigueur, mais d'une façon imparfaite.

Messire Jacques René Cordier de Launay et son épouse, Thérèse de Croëzer, acquéreurs en 1747, comme nous l'avons vu, de la terre, seigneurie, comté et châtellenie de Vallery, n'avaient laissé qu'un héritier, Claude René Cordier de Montreuil. Celui-ci en entrant en possession de la Seigneurie du dit Vallery, avait souscrit un acte notarié daté du 18 février 1775, renouvelant les clauses et conditions que son père et sa mère avaient eux-mêmes souscrites, dans l'acte d'acquisition par lesquelles ils s'obligeaient à pourvoir aux frais de la fondation de Henri II de Condé.

Messire Claude René Cordier de Montreuil, décédé dans la première moitié de l'année 1793, avait cinq enfants lui survivant, à savoir :

1º Renée-Pélagie Cordier de Montreuil, mariée au trop célèbre marquis de Sade et mère de M. Armand de Sade et de Mlle Madeleine Laure de Sade.

2º Françoise-Pélagie Cordier de Montreuil, mariée à M. Albert-Honoré-Marie-Joseph Cornil de Wavrins de Villers-au-Tertre et décédée sans enfants.

3º Louis-Guillaume Cordier de Launay qui émigra et resta célibataire.

4º Marie-Joseph Cordier de Montreuil, marié à Adélaïde Françoise-Eugénie-Antoinette de Maulde-Hosdon et père d'Alfred-Eugène-Marie et d'Eugène-Philippe-Léon Cordier de Montreuil.

5º Charles-Michel Cordier de Montreuil, chevalier de Vallery, appelé ordinairement Monsieur de Vallery, qui mourut sans enfants, laissant par testament toute sa fortune à M. le baron de Klinglin.

Ces représentants à la seconde génération des sieur et dame Jacques René Cordier de Launay et Thérèse de Croëzer acquéreurs de la seigneurie de Vallery, reprirent spontanément mais imparfaitement, en 1803, l'exécution des engagements de leur aïeul vis-à-vis de la famille des Condé et de l'église. Ils oublièrent volontairement ou non, que l'hypothèque souscrite par leur père et grand-père, devant notaire, pour eux et leurs hoirs, était indivisible, et qu'en vertu des mêmes actes notariés qui affirmaient leurs droits de propriété, ils étaient déclarés solidairement, *un seul pour le tout*, débiteurs d'une rente de 1100 livres au profit des chapelains et de l'église de Vallery. Arguant de ce que l'Etat s'était emparé d'une quantité notable de leur héritage et particulièrement de la portion de l'émigré Louis-Guillaume Cordier de Launay, ils ne consentaient plus à payer qu'une rente de 777 francs 43 centimes. La somme proportionnelle aux biens confisqués par l'Etat devait, selon eux, être amortie, sauf recours contre la nation.

En 1812, le 5 juillet, une réunion du Conseil de fabrique de Vallery fut convoquée à l'effet d'arranger à l'amiable cette difficulté.

Etaient présents à cette séance, les conseillers de fabrique Etienne Massé, curé du lieu ; Gaillard, maire ; Etienne Carteret, propriétaire ; François Letteron, adjoint ; Benoit

Luquet et Thomas Pigneau, propriétaires ; M. de Vallery, président du Conseil en temps ordinaire, n'y assistait que comme parlant pour ses intérêts propres et ceux de sa sœur, Mme de Wavrins, domiciliée à Fontainebleau.

En outre, étaient présents, Me Delaporte, notaire à Villeneuve-la-Guyard, chargé de pouvoirs de Mme Adélaïde de Maulde Hosdon, veuve de Montreuil, domiciliée à Paris, Me Charles Mémie Bardot, notaire à Chéroy, chargé de pouvoirs de M. Armand de Sade et de Mlle Magdeleine Laure de Sade, demeurant ensemble à Condé, département de l'Aisne, tous héritiers de Claude René Cordier de Montreuil et de dame Louise Masson, son épouse.

Dans une délibération prise à ladite séance, le Conseil de fabrique « reconnoit » qu'il ne peut rien exiger des héritiers de Montreuil au-delà de la somme de 777 fr 43 c. pour la part et portion à leur charge, dans la rente des 1100 livres léguées pour le service de la chapelle érigée en l'église de Vallery » et que le surplus *est éteint et amorti* sinon dû par la nation à cause des biens dont elle s'est emparée dans la succession desdits héritiers. En outre, il détermine la somme que chacun doit payer pour concourir au total de cette rente de 777 fr. 43, à savoir :

1º M. Cordier de Vallery	117	43
2º Mme de Wavrins	220	»
3º Mme veuve de Montreuil	220	»
4º M. et Mlle de Sade.....................	220	»
Total......................	777	43

Ce règlement de compte où la fabrique consent à un amoindrissement notable de la rente léguée par le prince Henri II suppose à tort comme on le verra plus loin la divisibilité de l'hypothèque, qui garantit la dite rente et par là en compromet l'avenir. Cette séance, grosse de conséquences fâcheuses pour les intérêts des chapelains et de l'église, était heureusement entachée d'une cause de nullité. Elle avait été tenue sans l'autorisation exigée par la loi quand il s'agit de semblables concessions.

Postérieurement à cette époque, vers 1822, la portion d'héritage enlevée par la nation à l'émigré Louis Guillaume Cordier de Launay et qui lui avait été restituée, fut vendue au profit des héritiers naturels. Ceux-ci, dans le contrat de vente eurent soin d'imposer aux acquéreurs l'obligation de servir annuellement et à perpétuité à la fabrique de l'église de Vallery la somme de 220 fr. représentant le cinquième de la rente de 1100 livres comme étant à la charge du dit Louis Guillaume de Launay, l'un des cinq enfants de Claude Cordier de Montreuil.

Plus tard encore, en 1829, M. Armand de Sade, usant du principe de division de la dette hypothécaire admis par la fameuse délibération du 5 juillet 1812, prend à sa charge la portion de cette dette incombant à ses deux neveux, Alfred-Eugène-Marie et Eugène-Philippe de Montreuil; comme en fait foi un acte passé devant Me Guyot, notaire à Chéroy.

Nous signalons ces faits qui, s'ils prouvent d'un côté le rejet par les héritiers de Montreuil, de l'indivisibilité de l'hypothèque dont leurs biens sont frappés, prouvent, d'un autre côté, la reconnaissance au profit de l'église et chapelains de Vallery, par les mêmes héritiers d'un droit hypothécaire ayant pour origine le testament du prince Henri II de Condé et cette reconnaissance suffit pour vicier le droit de prescription auquel les dits héritiers codébiteurs croiraient pouvoir recourir.

XL. — MONSEIGNEUR DE COSNAC NOMME M. FRONT, ÉNERGIQUE LUTTEUR, A LA CURE DE VALLERY. PROCÈS FORMIDABLE

Les choses en étaient là, quand, en 1831, Mgr Jean-Joseph-Marie Victoire de Cosnac, archevêque de Sens, nomma à la cure de Vallery, M. Joseph-Marie Front, prêtre qui, à une aptitude spéciale pour les affaires contentieuses, joignait une remarquable énergie de caractère. Ayant pris connaissance de l'état de la fondation du prince et ne trouvant pas régulières les concessions faites par le Conseil de fabrique, et entre autres celles qui contient la délibération du 5 juillet 1812, M. Front persuade au Conseil de fabrique de prévenir tout d'abord les effets à craindre de la prescription en assignant par voie d'huissier les héritiers de Montreuil en *passation de titre nouvel* (1) de la rente de 1100 livres réellement due par eux à la fabrique. Cette assignation eut lieu en 1834 avec les autorisations légales nécessaires sans pourtant qu'il y fût donné suite devant les tribunaux. Mais cette mise en demeure interrompit le cours de la prescription et pour le moment cela suffisait.

Dans le courant de l'année 1837, Mme la marquise de Wavrins mourut, après avoir institué son légataire universel en toute propriété, M. le comte Armand de Sade, et M. le baron de Montreuil, ses neveux. D'autre part, M. le chevalier de Vallery était décédé laissant tout ce qu'il possédait à M. le Baron Klinglin. Ces mutations de propriétés occasionnant aussi des mutations de la dette des héritiers de Montreuil vis-à-vis de la fabrique de l'église de Vallery, mirent cette dernière dans une sorte de nécessité de régulariser sa demande en *passation de titre nouvel* émise en 1834. En conséquence, après s'être fait autoriser en Conseil de préfecture, conformément à la loi, la Fabrique fit assigner par exploit d'huissier en date du 30 avril 1840 tous ses débiteurs hypothécaires à comparaître devant le Tribunal civil de Sens, à l'effet de s'entendre condamner conjointement et solidairement, chacun pour sa part et

---

(1) Terme de palais : renouvellement d'une reconnaissance écrite d'une dette déjà vieille et menaçant de ne plus être reconnue.

portion et hypothécairement pour le tout : 1º à payer la rente annuelle et perpétuelle de 1.100 livres au capital de 22 000 francs remboursable en un fonds de terre susceptible de produire une rente foncière de 1.200 francs (ou livres), selon la teneur du testament du prince Henri II de Condé ; 2º à passer à leurs frais un titre nouvel en reconnaissance de la dite rente au profit de la fabrique de l'église de Vallery, dans la huitaine du jugement à intervenir ; 3º à rapporter au trésorier de la dite fabrique (1) un arriéré de 5.500 francs dus pour cinq années échues de la dite rente ; 4º enfin à supporter les dépens du procès.

Après maintes significations, assignations et requêtes de la part des deux parties adverses, tour à tour demandeurs et défendeurs ; après les audiences des 28 janvier et 4 février 1841 consacrées à ouïr les avoués des deux parties en leurs conclusions et les plaidoiries respectives, le onze du même mois de février, le tribunal de première instance de Sens, jugeant en premier ressort déclare la fabrique de Vallery *non recevable* dans sa demande et la condamne aux dépens.

Le tribunal de Sens avait jugé selon la connaissance qu'il avait de l'affaire en litige. D'après les documents qui lui avaient été fournis, la rente payée, par les héritiers de Montreuil ne lui parut qu'une dette d'honneur et non une obligation en stricte justice. Les pièces qui établissaient cette stricte obligation, c'est-à-dire l'acte de vente du 12 novembre 1747 et l'acte notarié du 1er février 1775, contenant l'adhésion de M. Claude Cordier de Montreuil au susdit acte de vente, n'avaient point été mis aux mains des juges par la fabrique, qui, les sachant existants, n'avait pu se les pro-

(1) Le mot fabrique est le nom officiel donné depuis des siècles au Conseil chargé d'administrer les intérêts temporels de l'Eglise. Il avait un président et un trésorier. M. le Curé de la paroisse et M. le Maire en faisaient parti *de droit*. La République actuelle ayant accaparé à son profit *les susdits intérêts,* l'existence légale du Conseil de fabrique a cessé par le fait.

curer. Ils lui avaient toujours été cachés par les défendeurs qui, dans ce cas, ne firent point preuve de droiture et de bonne foi. C'est pourquoi, disent les magistrats dans un de leurs considérants « il est impossible que le Tribunal puisse « apprécier quels pouvaient être à l'égard des héritiers « de Claude René Cordier de Montreuil les effets d'un acte « dont la date est seulement énoncée. »

Cette sentence ne découragea point le Conseil de fabrique ou plutôt M. le curé Front qui en était la tête. Il résolut d'interjeter appel. Il avait tout d'abord consulté son supérieur hiérarchique, Mgr de Cosnac d'après les avis duquel il réglait sa conduite. En preuve de quoi nous avons trouvé une lettre datée du 16 mars 1842 dans laquelle Mgr écrit à M. Front.

« Monsieur le curé,

« Je me plais à reconnaître que dans la poursuite de l'affaire intentée contre les héritiers Cordier de Montreuil, vous n'avez fait qu'obéir aux avis que je crus devoir vous donner et céder aux exigences des devoirs de votre charge. Je n'ai que des éloges à donner à votre prudence et à votre dévouement dans la circonstance. J'étais bien aise de vous rendre ce témoignage avant même que la question ne fut tranchée, vous autorisant à la faire transcrire au registre de la fabrique. Si, contre mon attente, votre fabrique succombait dans cette affaire, je trouverais convenable que les fonds produits par la fondation, et qui sont en réserve, fussent employés pour payer les frais.

« Recevez, Monsieur le curé, l'assurance de mon sincère attachement.

(*Signé*)   Jean Joseph M. V. de Cosnac.

Se sentant soutenu par son archevêque, M. Front sous le couvert du trésorier Claude Pierre Hautcœur demande à la Préfecture d'Auxerre, conformément à la loi, l'autorisation d'en appeler de la sentence du tribunal de Sens. La

Préfecture, nous ne savons pourquoi, refuse l'autorisation demandée. Les fabriciens alors se pourvoient devant le Conseil d'Etat contre ce refus de la Préfecture. Mais pour ne point risquer de laisser périmer leur droit d'appel par les lenteurs administratives, ils formulent sans retard leur recours à la Chambre d'appel de Paris, en juin 1841. Ce ne fut qu'en février de l'année suivante que le conseil d'Etat rendit un arrêt annulant le refus de la Préfecture et accordant aux fabriciens l'autorisation dont ils avaient besoin.

M. Front, comme on doit bien le penser, n'avait point épargné les démarches, recherches et consultations. Cette fois l'*affaire* avait pu être étudiée à fond, avec les pièces authentiques susceptibles d'éclairer les juges. Préparée de la sorte, elle arriva devant la première chambre d'appel, présentée par M. Joannès, avoué, assisté de Me Chopin, avocat du côté de la fabrique et par Me Gavignot et Maucourt avoués, assistés de Me Chéron, avocat du côté des héritiers de Montreuil et résumée dans son ensemble, par Me Nouguier, avocat général.

Les plaidoiries occupèrent trois audiences, celles des 9, 11 et 16 avril et le prononcé du jugement fut remis au samedi, vingt-huitième jour du même mois. Dans ses considérants, solidement établis sur les faits, les actes notariés et les lois, la Cour met à néant la sentence du tribunal de Sens ; agrée l'autorisation d'appel quoique tard venue, fixe la rente due à la fabrique à la somme de mille quatre-vingt-six francs cinquante centimes, équivalant aux onze cents livres tournois léguées par le prince de Condé. Déclare cette rente assurée par une hypothèque qui engage personnellement et solidairement *un seul pour le tout* les héritiers de Montreuil eux et leurs hoirs et tous leurs biens présents et à venir, n'accorde à la délibération du 5 juillet 1812, d'autre valeur que celle d'être un témoignage que les héritiers de Montreuil se sentent redevables envers la fabrique mais ne pouvant compromettre les droits de celle-ci sur l'intégrité de la rente et l'indivisibilité de l'hypothèque ; démontre : que divers actes authentiques, quoique ne révélant qu'une exécution imparfaite des clauses du testament du prince, ont sauvé de la prescription l'obligation de s'y conformer entièrement ; enfin condamne les héritiers de Claude René Cordier de Montreuil, chacun pour leur part et portion virile et hypothécairement pour l'intégrité de la rente sur les biens originairement affectés à son acquittement, savoir :

1° M. le Comte Armand de Sade, comme fils de Renée Pélagie Cordier de Montreuil, femme de Sade ; en second lieu comme légataire de sa tante, Mme la marquise de Wavrins et enfin comme ayant recueilli une part dans la succession de Louis Guillaume Cordier de Launay, son oncle à payer deux-cent-soixante-onze fr. soixante cinq cent. 271 fr. 65 ;

2° Mlle Magdeleine Laure de Sade, sœur de M. le Comte Armand de Sade, comme héritière de Mme Renée Pélagie Cordier de Montreuil, femme de Sade, sa mère et de son oncle Louis-Guillaume Cordier de Launay à payer 135 fr. 80 c.

3° M. Alfred Eugène Marie Cordier de Montreuil, comme héritier de Marie-Joseph Cordier de Montreuil, son père, en seconde ligne comme légataire de Mme la marquise de Wavrins, sa tante, et enfin comme héritier de sa part dans la succession de Louis Guillaume de Launay, son oncle à payer 271 fr. 65 c.

4° M. Eugène Philippe Léon Cordier de Montreuil, comme héritier de Marie-Joseph Cordier de Launay, son oncle, à payer 135 fr. 80 c.

5° M. le Baron de Klinglin, comme légataire universel de M. Charles-Michel Cordier de Montreuil, dit M. de Vallery, qui avait recueilli un cinquième de la succession de

Claude René Cordier de Montreuil, son père et un quart de la succession de Louis Guillaume Cordier de Launay, son frère. à payer 271 fr. 60 c.

Pour l'acquit intégral de la fondation du prince Henri II de Condé. Total annuel à payer 1086 fr. 50 c.

Condamne en outre M. le Baron de Klinglin à rapporter la somme de 1317 fr. 16 c. pour acquit de sa portion de la rente susdite, non payée par lui pendant cinq années antérieurement à la demande de la fabrique *en passation de titre nouvel* et de ce qui est échu depuis *l'époque de cette demande* jusqu'au 31 décembre dernier.

La Cour enjoint ensuite *aux intimés* d'avoir dans la huitaine qui suivra la signification du présent arrêt, à passer à chacun pour sa part et portion virile, et hypothécairement pour le tout à leurs frais *titre nouvel* ou reconnaissance au profit de la fabrique de l'église de Vallery et ce pardevant notaire, d'une rente annuelle et perpétuelle de *mille quatre-vingt-six francs cinquante centimes* avec hypothèque indivisible tant sur les dépendances et terres de Vallery que sur tous les autres biens ayant appartenu à Jacques René Cordier de Launay. Sinon et faute par tous ou quelques-uns d'entre eux de le faire dans le dit délai, et celui passé *le présent arrêt tiendra lieu de titre nouvel* à l'égard des défaillants. Tous les frais du procès, et ils ne durent pas être minces, sont à la charge des perdants.

Ce jugement fut prononcé en Cour royale de Paris, le samedi 23 avril 1842 à l'audience publique de la 1re chambre d'appel où étaient présents et siégeaient MM. le Baron Séguier, pair de France, 1er président ; Dupuy, président ; Brisson, Philippon, Duboys. Try, Aurelin, Champauhet, Petit, Bruchot, d'Esparbès, frères Portalis, Conseillers, Julien et Faget, conseillers auditeurs, ayant voix délibérative, Me Nouguier, avocat général ; *tenant la plume* Me *Fournier, greffier d'audience.*

Ce fut un glorieux triomphe pour la Fabrique et pour M. le curé de Vallery qui luttaient ensemble pour faire reconnaître leurs droits. *Les intimés* ne passèrent point *titre nouvel*. Ils regardèrent comme inutile d'ajouter les frais de cet acte à tous ceux que leur insuccès mettait à leur charge. Le présent jugement, ou arrêt en tint lieu. Désormais toute contestation au sujet de l'acquit de la rente fondée par la prince de Condé cessa.

XLI. — CHANGEMENT DE CHATELAINS. RÉINTÉGRATION DANS LEUR CAVEAU DES RESTES DE LA FAMILLE DE CONDÉ.

Nous avons cru devoir raconter sans interruption la lutte des fabriciens de l'église de Vallery pour remettre en complète exécution la fondation du Prince Henri II de Condé que la révolution avait gravement mise en péril. Pendant ce temps-là un changement de châtelains et la réintégration des restes des princes dans leur caveau, sous le maître autel de l'église, firent sensation dans le village. Nous revenons donc chronologiquement en arrière pour remémorer ces deux événements avec quelques détails.

Mlle Elisabeth de Bourbon-Condé, comme nous l'avons mentionné, en son lieu, avait diminué l'importance des constructions du fastueux Maréchal de Saint-André, en faisant démolir le corps de bâtiment qui reliait les tours du pont-levis à l'habitation seigneuriale proprement dire ; or, M. de Montreuil de Vallery, par des modifications mal avisées fit subir une véritable dégradation à la demeure seigneuriale elle-même.

Sous prétexte que les toitures ajourées de lucarnes à encadrements sculptés, et couvertes en ardoises, s'élevaient en pentes rapides à une hauteur excessive et occasionnaient trop de difficultés en même temps que trop de frais de réparations, il les supprima, y substitua une couverture en tuiles à pente très modérée et sans fenêtres ouvragées. S'étant ainsi privé par ce découronnement de l'édifice, des appartements en mansarde qui y formaient comme un troisième étage, il y suppléa en coupant en deux horizontalement une partie de l'unique étage qui restait, sans rien changer aux fenêtres, donnant l'air et la lumière, de sorte que maintenant nombre de chambres à l'étage supérieur ne sont éclairées que par des fragments de fenêtres s'ouvrant au niveau du carrelage. On se figure aisément combien cela doit être incommode et disgracieux. Enfin, l'œuvre remarquable de Philibert de Lorme qu'était le château de Vallery, a été tellement dénaturée, que sauf la dentelure vermicellée des larges assises et des pierres angulaires et quelques figures grimaçantes au tympan de certaines arcades, il n'en reste plus qu'une forme extérieure lourde et commune.

M. le Chevalier de Vallery, après avoir dépensé une somme considérable (au moins cent mille francs, dit-on) par des raisons économiques à cette regrettable mutilation fut obligé, vu sa mauvaise situation financière, de vendre sa propriété. C'est le 30 mars 1822 qu'eut lieu cette transaction par devant Me Cotelle et son collègue, notaires à Paris. L'acquéreur fut M. le Général Louis-Marie Levesque, Comte de la Ferrière, un glorieux survivant des armées du 1er Empire. Les droits hypothécaires de l'église de Vallery sont formellement réservés dans l'acte de vente. M. Charles Michel Cordier de Montreuil, dit M. de Vallery, se retira à Paris, et y mourut en 1836 ayant le grade militaire de maréchal de camp.

A peine M. et Mme de La Ferrière étaient-ils installés dans leur propriété qu'ils eurent à assister à une cérémonie réparatrice (si en ce genre une réparation était possible), de l'odieux méfait inscrit entre tant d'autres, au compte de

VALLERY — Le Château Renaissance (Façade Ouest)

la révolution, à la date du 30 mars 1794, je veux parler de la réintégration des restes des Condé dans leur tombeau légitime.

M. Bérault, curé de Dian (près de Vallery), dont nous avons déjà eu occasion de parler, fait précéder en guise de préface, un poème héroï-comique intitulé *Pérette décoiffée* ou la Guerre de Villethierry (1), d'une notice sur ce village et les localités environnantes. Naturellement, M. Bérault est amené par son sujet à parler de Vallery et du tombeau vide des Condé. Alors un sentiment d'indignation lui suggère les réflexions suivantes : « Comment se fait-il que tout le monde étant rentré dans sa propriété, lorsqu'elle n'a point été incorporée au domaine national, on n'a pas rendu la leur à ces illustres restes. Leur caveau est à quelques pas de là, pourquoi n'y sont-ils point ? Bientôt ceux qui les ont vus jeter dans l'angle le plus dédaigné du cimetière commun, ne seront plus, et quand après la mort de ces témoins nécessaires, le guerrier étranger, voyageant dans nos pays demandera où sont les restes du vainqueur de Rocroy : on ne saura que lui répondre. Désolé de ne savoir lui-même où déposer son hommage, il s'éloignera de cette terre d'oubli, et même dira en secouant la poudre de ses pieds : La France est la Patrie de la valeur, allons chercher ailleurs celle de la reconnaissance, et il partira indigné. » Or il arriva qu'un jour le Roi Louis XVIII homme d'esprit et amateur de littérature, lut le petit poème et la préface dont nous venons de citer ce passage. Faisant appeler le prince de Condé, dernier rejeton de cette noble race, le Roi lui demanda : « Mon cousin ! savez-vous où reposent les restes du Grand Condé ? » « Mais je crois me rappeler, dit le vieux prince, que c'est à Saint Valéry (Seine-Inférieure). Tant d'événements avaient

---

(1) Ce petit poème en 6 chants, fut composé par un jeune homme de 18 ans, neveu et élève de M. Veluard; curé de Villethierry, imprimé en in-12 ; il eut 2 éditions dont l'exemplaire d'une est entre mes mains.

passé sur ce rejeton quelque peu dégénéré qu'il avait oublié jusqu'au nom du pays où se trouvait le tombeau de ses ancêtres. M. le Comte de Sade, alors maire de Vallery, prit la liberté de le lui rappeler dans le courant de juillet 1822. Tout aussitôt, un envoyé spécial s'en vint recueillir dans la localité des renseignements plus particuliers.

Se prêtant avec empressement au désir de l'enquêteur, M. de Sade convoqua un certain nombre d'habitants de Vallery, qui avaient été témoins de la lugubre scène du 30 mars 1794 et entre autres le manouvrier Pierre Farnault qui avait creusé la fosse où les corps des princes avaient été jetés et le cordonnier Pierre Louis Jambon ayant assisté, jadis, en sa qualité de maire, à l'enfouissement (ces deux hommes avaient l'un et l'autre 70 ans). M. le Comte de Sade, accompagné de ces témoins, de M. Desruaux, curé de Vallery et de l'envoyé de Mgr le duc de Condé, se transporta dans le cimetière. L'endroit de la fosse fut indiqué avec précision ; elle s'étendait sur un espace d'environ six pieds de large sur huit de long. La certitude fut acquise que dans cet emplacement recouvert de gazon aucune sépulture n'avait eu lieu depuis que les corps des princes y avaient été enterrés.

Après ces constatations préliminaires, M. le Duc de Bourbon-Condé, s'occupa des moyens d'exhumer et de rendre à leur sépulture primitive les ossements de ses pères. Le 16 septembre 1822, M. Louis Victoire Xavier, Baron de la Ferté, officier de la maison du Roi, et intendant du matériel des fêtes et cérémonies, sur un ordre de Sa Majesté, se rendit à Vallery pour surveiller d'abord le travail d'exhumation. Les mêmes témoins qui déjà avaient été convoqués, le furent une seconde fois et en suite de leur attestation reçue, après serment de dire la vérité, la fouille commença vers quatre heures du soir. Trois médecins, M. Vernik de Vallery, MM. Jules Mauclère et Renard, de Chéroy, avaient été appelés pour décrire les ossements au fur et à mesure qu'ils seraient découverts et les déposer ensuite, enveloppés d'un linceul, dans un cercueil de chêne, doublé de plomb, et fermant par des plates-bandes en fer, préparé à l'avance.

A dix pouces environ de profondeur les précieux restes que l'on cherchait apparurent. Un grand nombre manquèrent, comme le donne à penser le procès-verbal enregistrant tous ceux qui furent recueillis. Le temps (28 ans s'étaient écoulés depuis la violation de sépulture), le contact immédiat avec la terre, les fréquentes alternatives d'humidité et de sécheresse, ou d'autres causes de décomposition avaient fait leur œuvre. Enfin, on confia tout ce que l'on put trouver d'os ou de fragments d'os, au cercueil qui fermé en présence des médecins, fut transporté dans l'église avec les cérémonies d'usage, par six gendarmes *dont l'attitude religieuse exprimait le bonheur d'avoir été désignés pour rendre aux cendres de ces héros les derniers honneurs militaires.* Il fut déposé dans le chœur de l'église, sur une sorte de sarcophage surmonté d'un dais orné en deuil et que M. le curé fit entourer de cierges. Celui-ci à tour de rôle avec d'autres ecclésiastiques, demeura auprès, récitant les prières des morts, et le lendemain eut lieu un service funèbre aussi solennel que le permettaient les ressources de la paroisse.

M. Delaunay de Vaudricourt, vicaire général de Sens, officia pontificalement, accompagné de M. Desruaux et de 22 curés des paroisses environnantes. Plusieurs hauts personnages, d'anciens officiers militaires, des représentants des diverses administrations gouvernementales, toute la population de Vallery et un grand nombre de gens des communes voisines étaient accourues, tellement que l'église ne put qu'à grand'peine contenir le *quart* des personnes présentes.

M. l'abbé Bérault, monta en chaire et prenant pour texte ces mots d'Ezéchiel : *Ossa hæc universa domus Israel sunt*, ces ossements sont toute la maison d'Israel ; il rappela les titres glorieux de la maison de Condé à la reconnaissance de la France et forma des vœux, hélas, inutiles pour que le prince survivant se donnât une postérité. Il parla avec un éclat de style, et une élévation de pensées qui décelait un orateur vraiment digne, après Bossuet, de traiter un sujet si noble.

A 1 heure de l'après-midi, le service étant terminé, le cercueil fut descendu et mis en place dans le caveau, et de suite, la pierre de fermeture fut posée et scellée. Au sortir de l'église, M. le comte de la Ferrière, le nouveau châtelain, s'adressant aux habitants de Vallery groupés devant lui leur dit : « Exprimons nos regrets sur ce qui n'existe plus ; formons des vœux pour ce qui existe, Vive le Roi, Vivent les Bourbons ». Et la multitude qui stationnait aux abords de l'église répéta : Vive le Roi, Vivent les Bourbons (voir aux archives de l'église le procès-verbal).

L'église, où le Dieu de Majesté daigne faire sa demeure et qui prête son abri à ces illustres morts, offrait, selon le témoignage des contemporains de cette imposante cérémonie funèbre, aux regards attristés un aspect de délabrement et de misère qui inspirait la pitié. Les grands personnages (1) qui, dans cette occasion, y pénétrèrent, durent en faire la remarque. Néanmoins, elle ne se ressentit nullement de leur passage. Dieu le permit ainsi pour que les curés de Vallery et les âmes chrétiennes de cette paroisse eussent l'initiative et le mérite de sa restauration. Les nouveaux châtelains M. et Mme de La Ferrière, ouvrirent la marche dans cette voie.

(1) Assistants distingués : M. le Duc de Bourbon-Condé, Pierre Bricard, juge de paix, François Letteron, gréffier à Chéroy, Taillandier, président du tribunal de Sens, Noguès, substitut du procureur du Roi, Comte de Meulan, Maréchal de Camp, Paris de Labrosse Monceau, Baron de Barois de Villeblevin, Marquis de Brion, de Sinetti et toute sa famille, Beaucoup d'officiers de tous grades en activité ou retraite. Jules de Ferrand, sous-préfet de Sens, pour M. le préfet de Gosville, Comte de Rully, pair de France, Colonel Baron de Saint-Jacques-Degatigny, intendant général des domaines........

XLII. — M. ET Mme. DE LA FERRIÈRE NOUVEAUX CHATELAINS. CE QUE FEMME VEUT, DIEU LE VEUT.

M. Louis-Marie Levesque, Comte de La Ferrière, était né à Rhedon (Redon) en Bretagne (Ille-et-Villaine), le 9 avril 1776. Il était donc dans toute la vigueur du jeune âge à l'époque des grandes guerres du Consulat et de l'Empire. Ayant embrassé la carrière des armes, il se fit vite remarquer par sa bravoure et sa ténacité toute bretonne. Napoléon Ier qui se connaissait en hommes, l'apprécia et le jugea digne de commander les grenadiers de la garde à cheval ; il reçut quatorze blessures sur les champs de bataille ; sa dernière blessure, lors de la bataille de Craon où les alliés furent défaits, les 6 et 7 mars 1814, nécessita l'amputation de la jambe gauche. Une jambe de bois dut remplacer celle qui avait été si douloureusement enlevée.

Type à part, d'un caractère brusque et emporté, d'un ton de parole empreint d'une certaine emphase, le général de La Ferrière, était cependant aimé de la population de Vallery. Il entamait volontiers la conversation avec les paysans, les tutoyait familièrement, s'intéressait à leurs affaires. A cause de la privation de sa jambe, il ne se promenait guère qu'à cheval dans la campagne.

Un jour qu'il passait auprès d'un nommé Hautcœur, gardant ses vaches dans un pâturage, celui-ci l'interpelle et se plaint à lui de ce que son garde lui a tué son chien. Le chien du vacher à ce qu'il paraît, hargneux de son naturel, avait attaqué et harcelé avec acharnement le chien du garde qui après quelques efforts infructueux pour repousser l'adversaire, à la fin, impatienté, l'avait tué d'un coup de fusil, pour mettre un terme à la bataille. « Ton chien était-il bon ? demanda le général d'un ton sévère ? » et après la réponse qui ne pouvait guère manquer d'être affirmative, « Tiens, lui dit-il, voilà dix francs. » Le père Hautcœur trouva que ce n'était pas beaucoup. Mais néanmoins, il les empocha sans répliquer. Le général voulait être juste avant tout. C'était le chien du vacher qui avait attaqué.

Après la révolution de juillet 1830, quand la garde nationale à cheval de Paris chercha un chef, qui marchât au besoin à sa tête, c'est sur le général qu'elle porta son choix et on le retrouva dans les émeutes toujours énergique et brave comme sur les champs de bataille de l'Empire. Aussi, quand il mourut à Vallery, le 22 novembre 1834 encore dans la force de l'âge, *d'un bouton charbonneux* négligé, son éloquent panégyriste, M. Bérault, curé de Dian, put dire du haut de la chaire de vérité, avec une apparence d'exagération que lui passa volontiers son auditoire : « Que « nos larmes, mêlées à nos prières, tombent avec nos regrets « et l'eau sanctifiée sur ce cercueil honoré que nous allons « déposer non loin des cendres héroïques du Grand Condé. « Ces deux guerriers éminemment français peuvent reposer « à côté l'un de l'autre ; les restes des braves sont frères. Ils « ont tous deux versé leur sang pour la défense et la gloire « de la patrie. Que le même temple protège donc leurs dé- « pouilles mortelles, que la même terre sainte les recouvre, « ainsi rapprochés comme ils le sont par une valeure cla- « tante. »

Mme la Comtesse de La Ferrière, née Appoline Foulon de Douay, devait être la fille ou la petite-fille de l'intendant Foulon, l'une des premières victimes de la Révolution de 1789 (1). Remplie d'une affection et d'une admiration en-

---

(1) Le général Vicomte Foulon de Douai (ou Doué), peut-être le frère ou l'oncle de Mme de la Ferrière, ayant lu dans l'histoire de la Révolution de Michelet, certain passage où cet écrivain diffamait la mémoire de M. Foulon son père, se présenta un jour chez l'historien susnommé les mains pleines de documents les plus authentiques et des témoignages les moins suspects, réfutant les passages diffamatoires, et prouvant

thousiastes pour son mari, elle désirait vivement le faire inhumer et lui ériger un monument funéraire dans l'église même de Vallery. Les règlements de police et le peu de bonne volonté de M. Front, alors curé de la paroisse, s'y opposant, elle s'arrangea de façon à rapprocher le plus possible de la dite église la dernière demeure de son cher défunt. Elle alla trouver M. le maire et obtint de lui dans le cimetière commun la concession d'un carré de terrain contigu au mur (pignon) de la chapelle de la sainte Vierge du côté regardant le nord. Elle y établit d'abord un caveau pour le général, s'y ménageant à elle-même une place. Puis après des instances réitérées, elle fut autorisée à adosser au mur de ladite chapelle, un monument en forme d'oratoire funéraire sur le plan d'un architecte de Paris nommé Lorenzo. Le Conseil de fabrique donnant son consentement (délib. de 1834), avait mis pour condition que Mme s'engagerait à ouvrir à ses frais une fenêtre au couchant pour éclairer la chapelle de la Vierge dont l'oratoire devait masquer la fenêtre au nord, et, pour la symétrie de l'architecture, pareille fenêtre devait être aussi ouverte à la chapelle saint Louis, faisant au midi le pendant de celle de la Vierge, et Mme de La Ferrière *sembla* oublier ses engagements. Aussi, M. Front en conçut contre elle une mauvaise humeur qu'il ne manqua point de lui faire sentir.

L'œuvre de M. Lorenzo ne se distingue guère que par sa masse peu élégante et son architecture dépourvue de cachet religieux. Quand on entend dire à certaines personnes qui ont dû être bien informées que Mme la comtesse a dépensé

---

jusqu'à l'évidence qu'ils étaient mensongers. L'historien tenant quand-même à ce qu'il reconnaissait pourtant être une erreur, refusa d'effacer les accusations odieuses d'où il tirait des circonstances atténuantes en faveurs des sauvages révolutionnaires qui le 22 juillet 1789 avaient pendu aux reverbères le malheureux intendant. Il n'est pas rare que des historiens passionnés pour un parti, tendent d'amnistier ainsi les assassins en ne se faisant pas scrupule de déshonorer leurs victimes. Lecteurs défiez-vous-en !!!

pour cette construction vraiment insignifiante, une cinquantaine de mille francs on en demeure stupéfait. Une ordonnance royale du 15 février 1842 l'érigea en oratoire privé sous la surveillance de M. le curé.

La statue du général en grand uniforme y repose dans l'attitude de la méditation sur un sarcophage en marbre noir. La tête, selon le dire de ceux qui ont connu M. de La Ferrière, est d'une ressemblance frappante. Le sculpteur dissimula sous une draperie la place de la jambe disparue par suite d'une glorieuse blessure. L'auteur qui a signé cette représentation du nom de Karl Elshoet a évidemment voulu imiter la pose de celle du prince Henri II de Condé. Quoique son œuvre ne soit pas sans mérite, elle est loin d'avoir le naturel, la souplesse en un mot, la valeur artistique du modèle. Sur le sarcophage est gravée en lettres dorées l'épitaphe suivante :

Louis-Marie Levesque,
Comte de La Ferrière
Lieutenant général, pair de France
Grand'croix de l'Ordre royal militaire de St-Louis.
Grand'croix de l'Ordre de la Légion d'honneur
Chevalier de l'ordre impérial de la couronne de fer d'Autriche
Officier de l'ordre de Léopold de Belgique
Né à Redon, département d'Ille-et-Vilaine
Le 9 avril 1776
Décédé à sa terre de Vallery
Le 22 novembre 1834
Colonel de la Garde nationale à cheval de Paris
Membre du Conseil général de l'Yonne.

Si en mourant, le général a reçu comme nous le présumons, les derniers sacrements de l'Eglise et fait ainsi preuve de vrai chrétien catholique, ce titre à mon avis lui vaudra mieux devant Dieu que tous ceux que nous révèle son épitaphe. Je n'ai point trouvé sur les registres de l'église trace de son décès et de son inhumation.

A l'inscription ci-dessus, est joint un écusson symbolique soutenu par deux lévriers. Il porte les quatre croix pendantes, les trois étoiles du grade les quatre chevrons des campagnes et l'hermine de la Pairie française, le tout embrassé dans la branche de laurier justement acquise à ses glorieux services.

Tout cela ne suffisait pas à Mme de La Ferrière pour la glorification de celui qu'elle pleurait. Elle oubliait volontairement sa promesse d'ouverture des fenêtres dont nous avons parlé ci-dessus. Elle rêvait de transformer la fenêtre de la chapelle de la Vierge, qu'obstruait un des murs de son oratoire sépulcral, en une haute et large ouverture qui permit aux fidèles assistants aux offices et aux visiteurs de l'église admirant le mausolée du prince de Condé, de contempler facilement et d'admirer celui du général son mari. Mais M. le Curé Front, et à son instigation, le Conseil de fabrique, se repentant des concessions déjà accordées, demeurèrent sourds aux expressions réitérées de cette nouvelle exigence d'où, de la part de Madame, une grande irritation contre M. le curé, au point qu'abandonnant en quelque sorte Vallery comme paroisse, elle adopta Villethierry, localité voisine pour y remplir ses devoirs religieux. Elle s'y faisait conduire en voiture les dimanches et fêtes.

Le 8 mars 1847, le chef de l'opposition au projet de Mme la comtesse de La Ferrière, passa de vie à trépas, M. Front étant mort, la paroisse de Vallery, à cause du mauvais état de la maison curiale fut laissée momentanément sans pasteur.

Cette maison curiale tombait de vétusté ; un architecte avait déclaré (rapport du 11 juillet 1840) que son état de délabrement annonçait la misère tant par les dispositions des bâtiments que par leur état de ruine et Mgr l'archevêque

de Sens avait mis les habitants de Vallery en demeure ou d'en acheter ou d'en faire construire un autre. La fabrique non plus que le Conseil municipal n'avaient de fonds à cet effet. Mme de La Ferrière avisée par ce dernier de cette situation embarrassante, saisit avec empressement l'occasion qui lui parut favorable à l'accomplissement de son obsédant désir. Elle était à Paris, d'où elle répond au Conseil municipal à la date du 15 avril 1847 : « En cette occasion
« (écrit-elle), comme je l'ai fait jusqu'ici, pour être utile à
« la commune, je m'adjoindrai à cette dépense de la cons-
« truction d'un presbytère. Cependant j'y mets une condi-
« tion : c'est que le conseil municipal *me donne le droit quand*
« *je le voudrai d'ouvrir une entrée dans l'église à la chapelle*
« *bâtie à la mémoire de M. de La Ferrière... à mes frais, sans*
« *nuire en rien à la solidité de la chapelle de la sainte Vierge...*
« Cette permission de votre part n'est point douteuse. Ce
« ne serait donc que le nouveau curé qui pourrait y mettre
« obstacle *comme l'ancien l'a fait.*» Le Conseil municipal savait Mme de La Ferrière généreuse et surtout quand il s'agissait de la satisfaire par une marque d'honneur accordée à la mémoire de son défunt mari, c'est pourquoi il n'hésita pas un instant à lui envoyer l'autorisation sollicitée et tant désirée par elle. La pièce écrite constatant cette faveur porte que « *Mme de La Ferrière peut faire ouvrir une baie donnant*
« *dans l'église de deux mètres vingt-trois centimètres de haut,*
« *sur un mètre quarante-huit centimètres de large à ses frais*
« *et à ses risques et périls.* » Le nouveau curé qui fut nommé d'après les promesses sérieuses de la commune de faire construire un presbytère, ne demandant pas mieux que d'être bientôt logé d'une façon convenable, se garda bien de faire de l'opposition. Mme la générale triomphait sur toute la ligne. On peut croire qu'elle ne perdit point de temps pour faire pratiquer l'ouverture obtenue par de si persévérants efforts.

Quand on fut en train de mettre en évidence la statue de M. le comte de La Ferrière, on excéda bien quelque peu les mesures prescrites mais personne ne s'en plaignit, et une fois de plus se trouva vérifié ce dicton : *Ce que femme veut, Dieu le veut.*

XLIII. — M. ET Mme DE LA FERRIÈRE INSIGNES BIENFAITEURS DE L'ÉGLISE. LA LÉGENDE DE L'AVEUGLE.

Mme de La Ferrière aida beaucoup de sa bourse à la construction du nouveau presbytère. Je n'ai jamais pu savoir au juste la somme qu'elle mit à la disposition de la commune, mais tous les renseignements que j'ai pu recueillir me portent à croire que le budget municipal ne fut guère engagé que pour la fourniture de l'emplacement et des matériaux provenant des bâtiments et dépendances de la vieille habitation curiale entièrement démolie.

Celle-ci était assise au flanc de la colline, ayant une de ses faces sur le bord du chemin assez rapide en cet endroit, par où l'on arrive du village à l'église. Cette voie qui avant le tracé de la route actuelle, conduisait par Villethierry et Saint-Agnan à Villeneuve-la-Guyard, était tout le long de la pente avoisinant le presbytère, puis l'église, creusée en forme de ravin. Cette dépression produite avec les années par l'écoulement des eaux pluviales rendait de difficile accès et la maison de Dieu et celle de son ministre.

Les restes des fondations du presbytère détruit disparurent sous une couche de terre destinée au jardinage et le nouveau s'éleva en forme de pavillon carré sur l'extrémité supérieure d'une parcelle de terrain longeant le mur de la cour de Mlle de Sade à quelques enjambées d'une porte latérale pénétrant dans l'église du côté du midi.

Plus tard, lorsque les successeurs de Mme la comtesse

de La Ferrière dans son château, en même temps que dans ses idées chrétiennes et charitables, remplaceront le vieux clocher par celui que nous voyons aujourd'hui, la colline sera autant que possible abaissée, le ravin comblé et la rampe montant à l'église et au presbytère plantée de tilleuls dont le feuillage et l'ombre mêleront leur utilité à leur charme (utile dulci).

Les travaux de la nouvelle habitation du curé dûrent être terminées d'après les conventions prises entre l'entrepreneur et les autorités municipales le 15 octobre 1850. Le devis ne s'élevait qu'à la somme de 8.789 fr. 38 M. Lefort, architecte à Sens en dessina le plan. Je lui ai entendu dire à lui-même, que la dépense réelle, excédant comme d'habitude en matière de construction, les prévisions approximatives, avait atteint le chiffre de 12.000 fr.

Qu'est-ce que cela ? en comparaison de ce que coûtent de nos jours, les palais municipaux ou scolaires ? Le nouvel édifice presbytéral est solidement établi et bien distribué à l'intérieur. On peut lui reprocher toutefois, de n'avoir pas un mètre de plus dans le sens de la longueur et de la largeur. Les diverses pièces du dedans eussent beaucoup gagné à cette légère augmentation de surface. Il est d'ailleurs, dans un site gracieux, favorise la méditation et la piété par sa solitude et son voisinage de la maison de prière. De ses fenêtres au midi et au couchant, la vue s'étend sur le village, sur la prairie arrosée par l'Orvanne, et embrasse au loin un horizon fuyant doucement, au pourtour duquel apparaissent au milieu des arbres, des champs cultivés et des bosquets de bois, les fermes du Coudray, des Cent-arpents et quelques toits du hameau de la Justice. La poésie de cette habitation fut une des choses que je regrettai vivement en quittant Vallery (1).

(1) On peut trouver à la mairie un plan du vieux et du nouveau presbytère.

Par son testament olographe du 28 août 1832, M. de La Ferrière, lègue à son église paroissiale à titre purement gratuit, un capital de 2.000 fr. Cette somme devra, selon le bon plaisir de Madame, ou être immédiatement placée sur l'Etat, ou rester entre les mains d'*elle survivante* qui en servira la rente 5 % à la fabrique. Ce legs, par suite des difficultés survenues entre Mme veuve du général et M. le curé Front ne fut légalement accepté, autorisé et enfin régularisé qu'en juillet 1847 alors que le plan de la fameuse ouverture de la chapelle sépulcrale dont nous avons parlé, eut son entier succès.

De son côté, Mme la comtesse de La Ferrière lègue par son testament du 6 juin 1849 une rente annuelle et perpétuelle de 200 fr. pour deux messes les mardi et samedi de chaque semaine devant être dites à perpétuité ou dans l'oratoire funéraire, ou dans la chapelle de la sainte Vierge, ou au moins dans l'église de Vallery, autant que faire se pourra, à l'intention de son mari et d'elle-même, et annoncées au prône chaque dimanche ; de plus, la somme nécessaire à l'entretien d'une lampe du sanctuaire. Cette rente est hypothéquée sur les revenus de dix hectares, quarante huit ares cinquante centiares de terres labourables, situées sur le territoire de Blennes, lieu dit les Marlettes. Elle est payable par le propriétaire de ces terres le premier janvier et le 1er juillet par moitié.

En outre, suivant les testaments et codicilles des 20 et 25 juin même année, Mme de La Ferrière lègue à la fabrique un capital de 20.000 fr., à la charge par elle : de l'entretien en bon état sous tous rapports de la chapelle sépulcrale érigée à la mémoire du général son mari, d'une recommandation nominative de tous deux, aux prières du prône chaque dimanche, enfin de la célébration d'un service funèbre solennel chaque année *le lendemain* du jour où a lieu celui des Princes de Condé.

Mme de La Ferrière termine son testament par ces mots :
« Je mets avec confiance, sous la protection ecclésiastique,
« sous celle de l'autorité civile et des habitants de Vallery,
« ce tombeau et cette chapelle élevée par sa veuve affligée
« à la mémoire d'un homme qui ne leur a jamais fait que
« du bien. »

De son vivant, Mme de La Ferrière fit don à l'église d'un superbe tapis devant servir aux jours des grandes solennités ; d'un riche reliquaire renfermant une parcelle authentique de la vraie croix ; elle paya de sa bourse, à raison, m'a-t-on dit, de mille francs par chaque fenêtre, les vitraux peints qui ornent les trois fenêtres du sanctuaire de l'église (1) et qui représentent en six tableaux les principales circonstances de la vie archiépiscopale et martyre de saint Thomas de Cantorbéry, patron de l'église de Vallery. Des abondantes largesses contribuèrent aussi à la construction d'une sacristie plus spacieuse, et, comme nous l'avons dit, d'un nouveau presbytère.

Les pauvres et tous les défectueux de la vie étaient les clients de prédilection de la bonne comtesse qui s'ingéniait à leur glisser ses aumônes en ménageant leur amour-propre. De son vivant, il existait à Vallery un aveugle nommé Louis Thibault. Malgré sa déplorable cécité, il était de son métier tourneur sur bois. Mû par sa croyance chrétienne, ce brave homme avait fait un pèlerinage à Sainte-Reine (Alise), Haute Bourgogne, espérant par l'intercession de la sainte martyre, recouvrer l'usage de ses yeux qu'une maladie de petite vérole lui avait fait perdre. Cette faveur surnaturelle ne lui avait point été accordée, mais en revanche, il avait acquis une délicatesse de toucher si parfaite, que pour son métier elle suppléait au sens de la vue dont il était privé. En palpant avec ses mains et s'aidant parfois de l'odorat,

---

(1) Les vitraux de ces trois fenêtres sont l'œuvre assez réussie des frères Veissières, de Seignelay. Ils furent posés en 1850.

il reconnaissait l'essence d'un morceau de bois quelconque sans jamais s'y tromper. Il se riait de ceux qui, par plaisanterie, essayaient quelquefois de l'induire en erreur sous ce rapport. Pour ses divers ouvrages, il prenait ses mesures avec précision et les appliquait avec une exactitude géométrique. Il était marié et avait une famille qu'il élevait convenablement. Outre ses fonctions de tourneur, il exerçait aussi celle de sonneur à l'église, loin de laquelle il habitait. Malgré cet éloignement, il s'y rendait chaque jour, sans guide avec une irréprochable ponctualité pour sonner les angélus, et le dimanche aux offices paroissiaux, où il ne manquait pas, il retrouvait sa place habituelle aussi bien que ceux qui voyaient clair.

La dextérité surprenante de Louis Thibault contrastant avec son infirmité le rendait intéressant et lui attirait des commandes. Il attribuait avec juste raison à la protection de la sainte à laquelle il avait eu recours, la situation avantageuse qui lui était survenue contre son attente. En preuve de sa reconnaissance, il lui érigea sous le vocable de *croix sainte Reine* une croix en bois, non loin de sa demeure, sur le bord du chemin de Vallery (1) à Chéroy. Mme la comtesse, comme beaucoup d'autres, inspirée par un sentiment mêlé de commisération et de curiosité, voulut voir travailler l'aveugle ; elle en fut émerveillée et lui fit une commande.

Mme de La Ferrière à l'exemple de la Reine Berthe du temps de Charlemagne, ou de nos paysannes d'une époque que j'ai vécue, employait-elle ses moments de loisir à filer ou voulait-elle simplement se donner un prétexte de largesses à l'artiste ouvrier, sous une apparence de salaire bien mérité ? je ne sais ; toujours est-il que sa commande fut un

---

(1) Cette croix de bois détériorée par la vétusté et les intempéries des saisons avait fini par tomber en ruine. Une personne pieuse, Mlle Alexandrine Bénard, de la famille de l'aveugle la fit remplacer par une croix de fer en 1876.

rouet ; (machine à roue et à bobine qui sert à filer et à tordre le fil (dictionnaire). Mais la dite machine étant destinée à une fileuse qui ne portait pas la quenouille du côté ordinaire et n'en tirait pas la substance filandreuse de la main habituelle aux autres fileuses, le rouet en conséquence, ne devait pas avoir les dispositions ordinaires, d'où une augmentation de difficultés, et partant de mérites dans le succès. L'aveugle se mit à l'œuvre et au bout de quelques jours livra à Mme la comtesse, qui dut payer généreusement son innocente fantaisie, un rouet joignant à la forme demandée, la délicatesse avec la solidité et une grande légéreté de mouvement, en un mot une sorte de bijou de rouet. Cette œuvre artistique du tourneur aveugle Louis Thibault, repose, m'a-t-on dit, actuellement quelque part dans la poussière des combles du château de Vallery. Quant à l'artiste, il s'en alla, en 1852 âgé de 70 ans, prendre aussi son repos final, muni des sacrements de l'Eglise.

Deux ans après (1854), Mme la comtesse Apolline Foulon de Doué rendit à Dieu son âme chargée de bonnes œuvres, à l'âge de 73 ans. Son corps fut déposé, comme il est écrit au registre des sépultures « *dans le caveau de la chapelle funéraire qu'elle a fait construire, en présence de la population éplorée.* » L'acte constatant l'inhumation est signé de : MM. le marquis de Larochejacquelien, le Comte de Bridieu et James de Mauny, ses neveux.

Par la mort de Mme Apolline Fortunée Foulon de Doué, comtesse de La Ferrière, les château et terres de Vallery, en vertu de dispositions testamentaires spéciales, passèrent en la possession de Mme Marie-Thérèse Joséphine Adélaïde de Coussay, marquise de Larochejacquelein, nièce de la défunte. Mme Adélaïde de Coussay, veuve de M. le Marquis de Larochejacquelein est encore en l'année où j'écris ceci propriétaire des dits château et terres (janvier 1885).

XLIV. — SÉRIE DES CURÉS DE VALLERY A PARTIR DE 1804 JUSQU'A 1885

1º M. Massé. A M. Tuaud, curé de Vallery avant, pendant et après la tourmente révolutionnaire, succède M. Massé, de 1804 à 1814. M. Veluard, curé de Villethierry vient chaque dimanche à Vallery dire une première messe pour l'acquit de la fondation des Princes de Condé. M. Massé acquitte ou fait acquitter les autres dans le courant de la semaine. M. Marmouzet que nous avons vu chapelain en même temps que M. Piot avant la révolution, reparaît quelque temps à Vallery.

2º M. Moncarré. Les croix renversées par la tempête politique se relèvent : à Bapaume, hameau de Vallery, bénédiction d'une croix érigée aux frais de Marie Huot, veuve Sulpice Decornoy, à l'extrémité de son jardin sur le bord du chemin de Vallery à Dollot. Cette croix est sous le vocable de sainte Marie-Magdeleine. La cérémonie de sa bénédiction eut lieu solennellement le 13 juin dimanche de la Fête-Dieu. Le dimanche suivant, bénédiction d'une autre croix élevée par François Barry, sur le bord de la route de Paris, non loin de la sortie du bourg, dans l'angle formé par la jonction du chemin qui monte au Bois des Cent-Arpents, avec ladite route de Paris. Cette seconde croix est dédiée à saint Louis, roi de France. M. Moncarré quitte Vallery en fin de 1820, étant nommé curé doyen de Sergines.

3º M. Desruaulx, de 1820 à 1824. De son temps, eut lieu, comme je l'ai raconté, la cérémonie funèbre de réintégration des ossements des Condé dans leur caveau sous le maître autel de l'église. Après ce deuil, M. Desruaulx quitte Vallery et s'en va mourir curé de Champs près d'Auxerre ;

4º M. Orticoni, corse d'origine, parle et écrit difficilement le français. Il ne fait pour ainsi dire que paraître et disparaître. Le onze juin 1826 une ordonnance du Roi Charles X datée du château de Saint-Cloud érige la paroisse de Vallery au diocèse de Sens en cure de 2e classe. C'est sans doute en considération du reflet de gloire des Condé et d'après les instances des deux nobles familles qui l'habitaient alors, que cet honneur et cet avantage sont accordés à cette paroisse. L'inamovibilité d'un traitement de doyen en sont les conséquences ;

5º M. Roubot, ou Roubeau. Comme son prédécesseur, ne fait que paraître et disparaître du début de 1826 à mai 1827. Né à Vézelay, il vient mourir à Vallery le 24 mai 1827 à l'âge de 28 ans. Son acte d'inhumation est signé Chauvisey, curé-doyen de Pont-sur-Yonne... Percheron curé de Vinneuf (ce dernier sera bientôt chapelain de Vallery), Croisen curé de Blennes, Lalande C. de Chéroy, Armand de Sade, maire. M. Veluard, curé de Villethierry, fait les interim.

6º M. Lallier, de novembre 1827 à juillet 1830. En 1880, plusieurs personnes de Vallery en avaient conservé le souvenir et en parlaient comme étant d'un abord aimable et d'une grande générosité. Dédaignant les minutieuses recherches de la science, il voulait que le nom de Vallery tirât son étymologie des deux mots latins *Vallis ridens* (Val riant). L'aspect gracieux de ce village assis sur les deux rives verdoyantes de la petite rivière d'Orvanne aux eaux limpides, coulant docilement entre ses bords au milieu de campagnes agrémentées de prairies et de riches cultures, parsemées de bosquets de bois, d'arbres fruitiers et même de vignes avait charmé son âme poétique. Il aimait ce pays. Mais le presbytère laissait tant à désirer qu'il le quitta bientôt pour aller à Brienon exercer son ministère en qualité de curé-doyen. Mgr l'archevêque voulut lui prouver par là le cas qu'il faisait de son mérite.

Nous avons trouvé dans les archives de la fabrique deux lettres de M. Lallier, devenu vicaire général de l'archevêché. Elles sont datées de juin 1847, elles nous révèlent l'attachement qu'il avait conservé pour la paroisse de Vallery et l'intérêt qu'il lui portait. Nous en reparlerons.

7º M. Jouin, de 1830, mois de juillet à 1831. Ce prêtre n'administra la paroisse que quelques mois. M. Veluard, de Villethierry fait un intérim. Il y a pénurie de chapelains. Les messes de fondation sont acquittées, partie par M. le curé, partie par les jurés circonvoisins, d'aucunes fois, elles demeurent en retard.

8º M. Front, de 1831 à 1847. Etait dit-on de belle taille et d'une physionomie imposante. Des revenus patrimoniaux lui procuraient une certaine aisance. Il avait acquis au territoire de Vallery quelques propriétés et aimait à entretenir une basse-cour en proportion de ses moyens et de ses besoins. Au service d'une intelligence cultivée, il mettait un caractère ardent et opiniâtre. Il ne cessa d'être en lutte avec ses châtelains et châtelaines. Sincèrement convaincu de ses droits ou de ceux de l'église, il s'irritait des oppositions qu'il regardait comme injustes, et il lui arrivait parfois dans les contestations de dépasser les bornes. Ses adversaires ne le ménageaient pas non plus.

XLV. — QUERELLES INTESTINES ENTRE M. FRONT ET M. DE SADE. MORT DES DEUX ANTAGONISTES. LEURS TESTAMENTS. FONDATION D'UNE ECOLE DE FILLES. SERIE DE CHAPELAINS.

La lutte était surtout intéressante et chaude avec M. le comte de Sade, à cette époque, maire de Vallery. Le grief capital de M. Front contre M. de Sade c'est que celui-ci refusait constamment de communiquer à la fabrique l'acte de vente souscrit en 1747 par M. René Cordier de Launay, acquéreur de la seigneurie et terre de Vallery, dont une copie devait être aux archives de la mairie. Cette pièce était indispensable pour préciser les obligations des descendants du dit René Cordier de Launay, du nombre desquels était M. de Sade, relativement à l'exécution du testament de Henri II de Condé.

Les troncs de l'église où les fidèles déposent leurs offrandes étaient peu solides et protégeaient mal leur contenu, et à leur ouverture, les Marguilliers n'avaient pas lieu d'être satisfaits des sommes trouvées dedans. A cette occasion, M. de Sade laissa échapper certaines paroles dont l'interprétation semblait incriminer la probité de M. le curé. On aurait pu croire que c'était pour plaisanter. Mais ce qui prouve le contraire, c'est que le procureur du Roi averti officiellement, donna de même officiellement ordre de consolider les troncs, de les fermer selon les règles de manière à les rendre capables d'une efficace résistance à toute main rapace. Néanmoins, quand plus tard on procéda de nouveau à leur ouverture on n'y trouva que *vingt-cinq centimes*. Le défaut de largesses spontanées de la part des fidèles était évident. Comme les 0 fr. 25 étaient dans le tronc destiné aux aumônes en faveur des séminaires, M. Front dit ironiquement : « Le transport de cette somme au secrétariat de l'Archevêché, n'est point au-dessus de mes forces, je m'en chargerai volontiers. » Ce fut toute la riposte.

Vers la fin de l'année 1833, M. le Général de Laferrière, président du conseil de fabrique avait convoqué une réunion de ce conseil pour le 19 novembre ; mais il avait oublié de se procurer préalablement l'autorisation archiépiscopale nécessaire en pareil cas. Dans cette séance, à laquelle M. le curé n'assista pas, M. le Comte de Sade formula contre l'absent des plaintes au fond de peu d'importance, mais qui, vu les dispositions d'esprit de celui qu'elles visaient, à l'égard de celui qui les exprimait, produisirent une indicible irritation. A peine informé, M. Front écrit sur le champ une réponse qu'il envoie à M. de Sade et en inscrit le double pour perpétuelle mémoire sur le registre des délibérations. Cette réfutation rédigée sous une première impression de colère était à ce qu'il paraît, conçue en termes si peu modérés que les conseillers de fabrique, mis par M. le curé en demeure de la signer, préfèrent donner en masse leur démission et que M. de Sade atteint au vif, crut devoir en référer à Mgr de Cosnac, archevêque de Sens.

Monseigneur pris pour juge, apaisa le conflit en condamnant les deux antagonistes. D'une part, la délibération où des plaintes étaient formulées contre M. le curé fut déclarée illégale, et de nulle valeur, d'autre part, la violente riposte de M. le curé au registre, dut par ordre de l'archevêque être biffée, de telle sorte qu'elle ne fut plus du tout lisible. Ce qui fut si bien exécuté qu'en effet, malgré mon application, je n'ai pu en déchiffrer un traître mot.

Dans ces escrimes de la langue et de la plume, le Comte de La Ferrière sembla garder la neutralité. Il eut sans doute préféré ferrailler en champ clos. Ces querelles n'étaient que des escarmouches préliminaires ; les grands coups viendront à l'occasion du formidable procès qui devait rétablir dans son intégrité la fondation du Prince Henri II de Condé. Nous avons raconté dans les pages qui précèdent l'histoire de ce procès.

Malgré une apparence de santé et de force, M. le curé Joseph Marie Front, mourut à Vallery le 8 mars 1847, d'une sorte de consomption intérieure. Il fut inhumé à côté de sa mère auprès (nord-ouest) des gradins de la vieille croix qui s'élève au milieu du cimetière. Les deux tombes entièrement effritées sont renfermées dans un entourage en tringles de fer rond, réunies aux angles et au milieu par des pitons en fer carré, scellés dans des patins en pierre.

M. Front, par son testament du 13 décembre 1846 lègue à

l'église de Vallery une rente de 50 fr., un calice et sa patène moyennant une recommandation au prône chaque dimanche, et seize messes à perpétuité, tant pour lui et sa mère que pour les âmes du purgatoire en général.

Les profondes blessures d'amour-propre que M. Front avait reçues dans la lutte avec M. le Comte de Sade n'avaient pas laissé que de produire en lui contre ce dernier une certaine animosité. Aussi, léguant à l'église par testament une plantation de peupliers sise aux *Grands Prés*, enclavée de toutes parts dans la propriété de M. de Sade et par conséquent tout à fait à sa convenance, il avait inséré cette clause significative à savoir : que la dite plantation ne pourrait jamais *être ni vendue, ni aliénée, ni échangée*. Mais l'approbation donnée au legs de M. Front par l'autorité gouvernementale déclare cette clause annulée comme contraire aux lois et deux ans après la mort du testateur, ce qu'il avait pressenti et voulu empêcher arriva. La plantation de peupliers fut vendue par le conseil de fabrique et annexée à la propriété de M. de Sade. Disons comme correctif de cet acte de la fabrique, presque indélicat vu l'intention connue du défunt, que ce ne fut point à l'adversaire auquel l'immeuble en question fut adjugé, mais à l'héritière de celui-ci, Mlle Mathilde Pélagie de Sade dont la piété et la charité étaient capables d'apaiser toute animosité et en faveur de laquelle M. Front lui-même, je le crois, eut biffé sa clause aigrelette. Mademoiselle, du reste, paya largement la parcelle de terrain pré et la convenance.

Le propriétaire des *Grands Prés* ne tarda que de deux mois à suivre dans la tombe son irréductible antagoniste. M. le comte Donatien Claude-Armand de Sade, Chevalier de l'ordre de Malte et de Saint-Louis, ancien lieutenant-colonel, maire de Vallery, né à Paris le 27 juin 1769 mourut à Vallery le 10 mai 1847. Avant de partir pour le dernier voyage, il crut devoir se faire précéder devant Dieu par une bonne œuvre que nous pouvons qualifier de considérable en l'envisageant tant en elle-même que dans ses conséquences pour l'avenir. Il fonda une école de filles sous la direction des religieuses de la Providence de Sens. Il donna une maison qu'il fit approprier à la tenue d'une école et au logement de leurs maîtresses, puis il attacha à cette fondation une rente de quelques centaines de francs ; cette école, malgré les temps troublés que nous traversons, est encore, grâce à l'appui des descendants de M. le comte de Sade, à la sympathie de la majorité de la population et au zèle reconnu des maîtresses, dans une situation actuellement prospère (1).

M. de Cosnac, archevêque de Sens, après mûr examen des ressources financières de la fondation du prince Henri II de Condé avait, le 2 février 1837, réduit à *un seul chapelain* le service de cette fondation. Il ordonna à la fabrique, qui avait quelques bénéfices provenant de la rente de dite fondation, de faire dire les messes arriérées et promit, autant que faire se pourra l'envoi régulier d'un chapelain à Vallery.

Dès lors, cette chapellenie dont les revenus sont fort médiocres devient un poste de modeste retraite pour quelque prêtre vieux ou infirme ou bien encore un poste d'épreuve, si le mot pénitence semble trop sévère. Du vivant de M. Front, les titulaires s'y succédèrent rapidement. MM. Binet et Moneyron apparaissent de 1831 à 1833. Ils signent vicaires de Vallery. M. Leblanc, en 1837. M. Drouhin, ancien aumônier de l'armée de Condé, envoyé en retraite à Vallery comme chapelain, y meurt peu de temps après son installation 1838, à l'âge de près de 80 ans. En 1840, M. Brelet signe tous les actes qu'il rédige en ajoutant cette invariable formule : *et les témoins ont avec nous signé du consentement du curé de Vallery*. Ce prêtre existe encore à l'époque où

---

(1) (1885). Depuis, la rapacité républicaine a tout détruit.

j'écris. Il doit avoir dépassé ses seize lustres. Je l'ai connu passablement laid, nerveux au suprême degré, doué d'esprit assaisonné de malice, notez que je ne dis pas de méchanceté, on pourrait aisément s'y tromper. Après lui viennent M. Alvisu en 1843 ; puis M. Balbon de la province d'Auvergne. Ce dernier ayant fait pendant quelques mois le catéchisme à des enfants de Vallery qui pour des motifs, à nous inconnus, n'avaient point été admis par leur curé au bienfait de la 1re communion, les conduisit à Chéroy, où, avec l'autorisation de M. Petitier, alors vicaire général de l'archevêché, fut réparée la *non admission* au grand contentement des enfants et des parents. Ce fait ne prouve pas qu'il y eut accord entre M. Front et son chapelain. Nous connaissons l'un par ses œuvres, l'autre me fut personnellement connu. La propriété de leurs caractères semble être de rompre plutôt que de plier, sorte de disposition impropre à l'accord. M. Lefranc, chapelain à partir de 1844, meurt à Vallery le 21 juin 1846 et est inhumé à Courlon.

Après le décès de M. Front, la paroisse de Vallery reste plus d'un an sans curé. L'état inhabitable du presbytère est la cause déterminante de cette marque de mécontentement de l'autorité archiépiscopale. Or, M. Lallier, ancien curé de Vallery (1827 à 1830), devenu vicaire général de Mgr l'Archevêque de Sens, n'ayant pas oublié sa première paroisse qu'il aimait et dont il était aimé, il écrit à MM. les conseillers de fabrique la cordiale lettre que voici : « Mes-
« sieurs, c'est avec le plus grand regret que Mgr laisse votre
« église sans pasteur. Il n'attend pour vous en donner un
« que le moment où vous vous serez mis en mesure d'avoir
« un logement convenable. Dès que les pièces relatives à
« l'érection d'un presbytère seront en règle, il s'engage à
« vous envoyer un curé tel que vous pourrez le désirer. Je
« vous exhorte donc instamment, par l'intérêt même que
« je porte à une paroisse qui m'est et me sera toujours

VALLERY — L'Église actuelle

« chère, et je vous prie de faire tout ce qui dépendra de
« vous pour hâter cet heureux moment ; car sans un pasteur,
« une paroisse ne peut que dépérir, et c'est la religion qui
« entretient la paix, les vertus, les bonnes mœurs et qui
« peut seule vous offrir de solides consolations dans vos
« peines et toute la félicité dont la vie présente est suscep-
« tible... Agréez l'assurance de mes sentiments distingués...
« Lallier, vicaire général. » M. Riboubeau, curé de Dollot
était chargé de Vallery, en qualité de *bineur*. Nous avons
vu, précédemment, comment la généreuse Mme de La Ferrière *hâta l'heureux moment* dont parle M. Lallier.

XLVI. — AMÉLIORATIONS A L'ÉGLISE. Mgr LE DUC D'AUMALE, AU SUJET DE LA SÉPULTURE ET DU MAUSOLÉE DES CONDÉ. BROUILLES AVEC LES RELIGIEUSES ET LA FAMILLE DE LAROCHEJACQUELEIN. DÉPART FORCÉ DE M. DUCROT.

9° M. Ducrot (Victor), d'octobre 1848 à janvier 1857, est nommé à la cure de Vallery... Nous ajoutons le prénom de Victor, pour le distinguer d'un sien frère aîné, curé quelque part dans le diocèse de Sens.

A peine installé, M. Ducrot, prit soin de faire dire les messes en retard de la fondation des princes. Une lettre de M. le vicaire général Lallier lui est adressée à ce sujet.« M. le curé, lui écrit-il, je me charge d'acquitter cent des messes arriérées de la fondation du Prince de Condé. Mon intention est que les honoraires dont je donne ici quittance, soient remis entre vos mains pour être employés moitié, c'est-à-dire 50 francs au soulagement des pauvres, surtout pendant cet hiver, et l'autre moitié, c'est-à-dire les 50 autres francs, aux réparations de l'église ou à l'achat d'ornements. C'est une satisfaction pour moi d'offrir cette marque d'intérêt et d'affection à une église et à des paroissiens qui me seront toujours si chers. Veuillez en informer MM. les membres du conseil de fabrique et agréer en même temps les sentiments les plus distingués avec lesquels j'ai l'honneur d'être, M. le curé, votre très humble et obéissant serviteur. (*Signé*) Lallier, vicaire général. »

Pendant la gestion de M. Ducrot, l'église de Vallery commence à sortir de son état de délabrement. Dans le courant d'octobre (1848), le Conseil de fabrique décide la restauration des boiseries du chœur, de la chaire, du banc d'œuvre (celui des marguilliers). Un ouvrier menuisier du nom de François Besse, plus connu par son surnom de Langevin, parce qu'il était originaire d'Angers, domicilié à Vallery, se chargea de ces travaux. Habile et consciencieux, il les exécuta d'une façon si satisfaisante que, par la suite, la confection de toutes les autres boiseries de l'église lui fut confiée. Les connaisseurs de ce genre, qui visitent la dite église et s'enquièrent de l'auteur de ces pièces de menuiserie, s'étonnent quand on leur répond qu'elles sont l'œuvre d'un simple ouvrier de la campagne. Le père Langevin, comme on le désigne habituellement, existe encore (1885). Mais déjà le temps a blanchi ses cheveux et les années en diminuant la vigueur ont aussi diminué la finesse de l'œil et la sûreté de la main.

L'intérieur de la chapelle Saint-Louis devait être complètement refait aux frais de Mme veuve de M. le comte de Sade. Mais la mort étant venue l'enlever au milieu de ses généreux projets, Mlle Pélagie Mathilde de Sade, sa fille, héritière de la propriété de Vallery, mena ces projets à bonne fin. A la séance de Quasimodo 1851, le Conseil de fabrique vote à Mlle des remerciements en même temps qu'un service solennel pour ses parents défunts. Grâce aux largesses de Mme de La Ferrière, des ruines du vieux presbytère, un nouveau a surgi, sur un emplacement plus voisin de l'église, et une sacristie plus spacieuse et largement meublée, remplace l'ancienne, jugée insuffisante (1850-1852).

Le maître-autel est repeint. Il est enrichi d'un tabernacle neuf, orné de dorures et on ajoute comme accompagnement obligé, une riche garniture, c'est-à-dire un Christ et des chandeliers en bronze doré et cela à l'aide de quêtes et de souscriptions particulières. L'autel de la Sainte Vierge n'est pas non plus négligé. Il est rafraîchi par une couche de peinture et surmonté d'une niche où la statue de la Sainte Vierge présentant l'Enfant Jésus aux fidèles, est censée portée sur des nuages, vus de trop près pour faire illusion. Le sanctuaire et le chœur sont recarrelés et munis d'une grille de communion en fer ouvragé. Enfin, vers 1856, il est constaté que 20 400 fr. 75 ont été dépensés dans l'église en divers travaux d'amélioration et d'embellissement. J'ai mentionné ailleurs les vitraux peints garnissant les trois fenêtres de l'abside.

Restaient de grosses réparations assez urgentes à entreprendre. A la suite d'une visite détaillée de l'église, les membres du bureau des marguilliers estiment que pour achever sa restauration, il faudrait encore y dépenser en chiffres ronds 14 000 fr. Un devis est dressé. La fabrique établit son budget et trouvant ses ressources insuffisantes, pour faire face aux dépenses projetées, elle demande selon les formes requises un secours au Conseil municipal qui fait la sourde oreille.

Mgr le Duc d'Aumale, Henri d'Orléans, que l'on ne s'étonnera pas trop de voir paraître ici, sachant qu'il est le filleul et l'héritier du dernier des Condé, intervient à cette époque pour ce qui concerne la sépulture et le mausolée de ceux de sa famille, dont les restes sont dans le caveau sous le maître-autel. Le mausolée avait souffert des injures du temps et encore plus de celles de la révolution. Un intendant de la maison du prince se présenta donc un jour chez M. le curé pour lui exposer les intentions de Mgr, à savoir :

1º De remédier à ses frais aux dégradations qu'avait éprouvées le monument de Henri II de Condé ;

2º D'enchâsser dans le pavé de la nouvelle sacristie, à l'endroit où se trouve le cercueil de Louis Ier de Condé, une pierre avec une inscription rappelant que c'est là qu'a été inhumé ce prince ;

3º De remplacer par une grande dalle en marbre noir au milieu du sanctuaire, devant le maître autel, avec une inscription rectifiée, la pierre et l'inscription qu'y avaient fait poser les conseillers de fabrique ;

4º Enfin de garantir par une longue et large tombe, protégée par une grille, et munie d'une inscription commémorative, le lieu où pendant la *terreur* les corps des princes extraits de leur caveau avaient été enfouis.

Le Conseil de fabrique, réuni extraordinairement pour délibérer sur ces propositions, les accueillit à l'unanimité, et vota des remerciements à Son Altesse Mgr le Duc d'Aumale.

Cependant M. Ducrot jugea bon de faire suivre cette délibération approbative et courtoise, d'une quantité d'observations noyées dans un déluge de phrases dont voici le résumé :

1º Le mausolée est classé au rang des monuments historiques. Avant d'y toucher, Mgr devra s'adresser à qui de droit pour en avoir l'autorisation ;

2º Les ouvriers auront ordre d'éviter tout bruit, tout sifflement ou autres choses contraires au respect dû au saint lieu ;

3º Lesdits ouvriers ne feront pas dans l'église les ouvrages qui peuvent être faits ailleurs, comme les sculptures, la taille des pierres, le gâchage de mortier :

4º Ils ne travailleront pas pendant la messe et les autres offices obligatoires ;

5° Mgr le Duc d'Aumale devra faire couvrir les statues, les boiseries, etc., contre la poussière et il les fera revernir une fois les travaux achevés ;

6° Il sera responsable de tous dégâts causés dans l'église par les travaux entrepris par ses ordres.

Peut-être était-il à propos de prendre toutes ces précautions inspirées par le sans-gêne assez habituel des ouvriers occupés dans le saint lieu. Toutefois, si elles ont été présentées à Mgr le Duc d'Aumale longuement délayées comme elles le sont inscrites au registre de la fabrique, il lui a fallu d'abord une certaine dose de patience pour lire ce factum jusqu'au bout, et en jetant le papier au panier, il a dû penser : Voilà un petit curé de campagne qui se défie de moi. Les divers travaux par lui projetés furent ponctuellement exécutés dans l'église et le cimetière. Je n'ai rien découvert qui m'ait fait soupçonner que M. le curé Ducrot ait éprouvé le moindre mécontentement ou de la part des ouvriers ou de la part de celui sous les ordres duquel ils étaient à l'œuvre.

J'ai entendu dire que Mgr le Duc d'Aumale, alors domicilié en Angleterre où la seconde République et le second Empire le maintenaient en exil avec toute sa famille, était venu lui-même visiter le monument et la sépulture de ses ancêtres. Il voyageait incognito accompagné de quelque membre de la famille de Ségur, laquelle possède une maison de campagne à Lorrez-le-Bocage (Seine-et-Marne), non loin de Vallery.

Tandis que le temple matériel et ses accessoires s'améliorent à Vallery, dans quel état y est l'église spirituelle, je veux dire la pratique de la religion. On se souvient encore dans le pays qu'à l'époque où nous en sommes, les offices étaient assez régulièrement suivis, les dimanches ordinaires et que les jours de fêtes solennelles, l'église était bondée de monde. Du reste, M. Ducrot nous a laissé dans le Registre de catholicité de 1855 une donnée certaine de la situation religieuse de sa paroisse. Nous copions textuellement :

« Population de Vallery : 751 habitants ; baptêmes 23 ; mariages 6 ; sépultures religieuses 17 ; morts sans sacrements 0 ; communions dans l'année 1350 ; communions pascales comptées dans les précédentes 382 ; assistances aux messes non compris les enfants avant la 1re communion les simples dimanches de 100 à 150 ; les fêtes ordinaires de 200 à 250 ; les grandes fêtes de 300 à 400 ; bonnes œuvres : Propagation de la foi, une dizaine de souscriptions ; Œuvre des tabernacles : trois personnes ; Association de l'Adoration perpétuelle, neuf personnes ; produit des quêtes : cinq cent-cinquante francs. Certifié exact... à Vallery, le 31 décembre 1855. (*Signé*) V. Ducrot. »

M. Ducrot avait du zèle et de l'entrain. Il aimait les solennités du culte divin, la beauté des chants religieux. Il avait acheté et installé en place accoutumée un superbe lutrin à aigle resplendissant de dorures. Les enfants de chœur en bon nombre étaient dressés aux cérémonies comme ceux d'une maîtrise de cathédrale. Seulement, il arrivait assez souvent que les paroissiens, d'une foi peu robuste, se fatiguaient de la longueur des offices et des sermons (1).

Dans le courant de l'année où nous en sommes, certains nuages qui s'étaient élevés entre M. le curé et les religieuses ses paroissiennes se condensèrent en une petite tempête. Depuis leur installation, de date récente, ces dames étaient chargées du soin des linges nécessaires au culte. La rétribution réclamée par elles pour ce genre d'occupation parut exorbitante à M. le curé. Il fit des observations ; les religieuses ne se croyant consciencieusement pas trop rémunérées, ne voulurent rien céder. M. le curé dressa un tarif réglant le

---

(1) J'ai connu M. V. Ducrot, vicaire à la cathédrale de Sens, alors que moi, sous-diacre, j'étais chargé, en qualité de sous-maître de M. le chanoine Carlier, d'instruire et surveiller les enfants de chœur de ladite cathédrale. En chaire, M. le vicaire était d'une fécondité d'élocution inépuisable...

prix des blanchissages et raccommodages et le soumit à l'approbation du Conseil de fabrique. Muni de cette approbation, le dit tarif fut présenté à l'acceptation des religieuses qui protestèrent ne pouvoir s'y conformer. Le soin des linges de l'église leur fut donc enlevé non sans qu'elles en ressentissent une profonde amertume. Mais il fallait les remplacer dans cette fonction. M. le curé prie les fabriciens de lui désigner une personne convenable pour lui confier cette besogne. Les fabriciens avouent leur incompétence et laissent à M. le curé le choix de qui bon lui semblera. C'était précisément là qu'il voulait en venir.

Les rapports de M. Ducrot avec les chapelains ne furent point non plus sans difficultés, les prêtres, la plupart déjà d'âge avancé, consentaient bien à remplir, pour obliger M. le curé, quelques fonctions pastorales, mais pour sauvegarder leur indépendance, ils ne le voulaient qu'à titre de complaisance et non d'obligation vicariale. M. le curé ne l'entendait point ainsi. Le testament du prince Henri II de Condé ne lègue en réalité que 900 livres de rente pour la messe quotidienne, à la charge des chapelains ; quant aux 150 livres qu'ils touchent en plus, elles ont été léguées à M. le curé de Vallery pour se procurer un vicaire. Du moment que le chapelain accepte les dites 150 livres, destinées à un vicaire, il doit aide au curé comme vicaire et à titre de justice. La question portée devant le conseil de fabrique fut décidée dans ce sens.

Bien plus, le conseil de fabrique décide que lorsque le chapelain remplit une fonction spéciale à sa charge de chapelain, la fabrique ne lui doit ni le luminaire, ni les ornements liturgiques, ni le pain ni le vin nécessaires au saint sacrifice de la messe, vu, « dit-il, que les intérêts de la fondation du prince Henri de Condé sont séparés de ceux de l'église ». C'est, il est vrai, avec une nuance d'exagération, le droit strict. Mais alors, pour se tenir dans ce droit, il faudrait que dans le cas assez fréquent où, par force majeure, il n'y a point de chapelain, les bénéfices résultant de cette vacance s'accumulassent au seul profit de la fondation, et c'est le contraire qui est arrivé jusqu'à ce moment depuis la révolution. Depuis cette époque, les économies provenant de la dite fondation, pour cause de vacances de chapelains, ont toujours été employées au profit de l'église qui du reste en avait bien besoin. Alors il n'est pas vrai pratiquement de dire que « les intérêts de la fondation sont séparés de ceux de l'église. » Celle-ci doit à celle-là une compensation pour les services rendus.

Ces deux questions ayant été soumises à l'appréciation de Mgr Mellon, archevêque de Sens, voici comment il résolut la première : « Le traitement du chapelain n'est réel-
« lement que de 900 fr. et il perçoit 1050 fr. Or, ces 150 fr.
« de surplus sont, d'après le testament du prince, légués à
« M. le curé qui ne les cèdera, toujours selon dit testament
« qu'au prêtre ayant le titre et remplissant les fonctions
« de vicaire. » (Voir registre paroissial).

En 1854 *une provision* de vicaire est envoyée expressément de l'archevêché au chapelain qui avait fait des difficultés pour rendre service à M. le curé. Quelque temps après, M. Ducrot étant indisposé, et le chapelain ayant refusé un dimanche, de chanter la messe à sa place, ce dernier, en conséquence de ce refus, est privé d'une partie de son traitement de vicaire, proportionnellement à la gravité de son infraction.

Quant à la seconde question concernant la fourniture des objets divers indispensables au prêtre pour remplir ses fonctions spéciales de chapelain, Monseigneur s'en rapporte à la droiture des conseillers de fabrique et à la bonne volonté de M. le curé.

Pendant les huit années du ministère de M. Ducrot à Vallery, il n'y eut que deux chapelains: M. Goussot, nommé en 1849 et mort le 8 juillet 1854, et M. Percheron, installé le 1er octobre de la même année. A son installation, M. Percheron déclare accepter le titre de vicaire aussi bien que celui de chapelain.

Mme la marquise de Larochejacquelein avait hérité, comme nous l'avons dit, de Mme de La Ferrière, sa tante, du château de Vallery et des propriétés en dépendant. Elle y séjournait avec son mari, M. le Marquis Henri de Larochejacquelein et leurs enfants, une partie de l'année.

Il est de tradition que les familles d'ancienne noblesse se montrent protectrices de l'église et du clergé, de là des relations, sinon d'amitié, du moins de convenances entre ces familles et le pasteur de la paroisse. M. et Mme de Larochejacquelein se montrèrent fidèles à cette tradition. Des relations s'établirent vite et devinrent même très intimes entre M. Ducrot et M. le Marquis. Tous deux d'une nature très expansive, étaient en même temps d'un caractère pétulant et se portant facilement aux extrêmes. Il est difficile que l'accord dure longtemps entre deux sujets de cette trempe ; aussi la brouille ne tarda pas beaucoup à se produire ; en voici la cause principale.

Mlle Adine, l'une des deux filles de M. le Marquis, était d'une piété très fervente. Il advint même qu'un jour elle exprima l'intention d'entrer au couvent. Naturellement, M. et Mme ses père et mère durent lui faire des observations et opposer quelques difficultés à l'accomplissement de cette intention. Une vocation de cette sorte, fraîchement éclose, a besoin d'être éprouvée par la contradiction avant d'arriver à maturité. Or, en raison directe des oppositions qui lui étaient faites, Mlle Adine se fortifiait dans sa résolution de quitter le monde et multipliait ses exercices de piété et ses assiduités à l'église. M. et Mme de Larochejacquelein étaient portés à penser que leur demoiselle était appuyée et peut-être excitée par M. le curé à persévérer dans ce qu'ils regardaient comme un entêtement momentané.

L'ordre dans lequel Mlle Adine voulait se confiner observe la clôture. Elle se condamnait donc à ne plus sortir ; on ne pourrait plus la voir qu'au parloir ; c'était une sorte de mort anticipée. Si du côté de la jeune fille le renoncement était héroïque et digne d'admiration, du côté des parents, la douleur qu'ils en ressentaient (1) était profonde et digne de respect, je dirai même de compassion. M. Ducrot ne s'inspira pas suffisamment de ces sentiments, vis-à-vis des parents. Il se permit même à l'adresse de M. le Marquis des paroles ironiques qui lui furent rapportées. Aussi M. le Marquis lui voua une haine violente et chercha tous les moyens de l'éloigner et il les trouva. M. Ducrot n'était pas homme à se garder avec prudence et sans relâche de manière à ne laisser prise d'aucune part à un ennemi puissant (il était sénateur sous l'empire), épiant tous les pas et démarches de celui dont il veut avoir raison... Finalement, au début de l'année 1857, M. Ducrot fut obligé de donner sa démission de curé de Vallery.

Avant de partir il règle ses comptes et déclare qu'il laisse à l'église les reliquaires en bronze doré qui sont dans la sacristie, avec toutes les reliques qu'ils renferment ; que la dépense occasionnée par l'achat de chandeliers, de l'exposition : ornement spécial pour exposer le *Saint-Sacrement*, de six grands vases, du tabernacle, le tout destiné à l'ornementation du maître-autel se monte à la somme de 1 683 fr. 75 ; qu'il a payé sur cette somme, à l'aide de quêtes et de souscriptions particulières, d'abord un acompte de 1.266 fr. 75, ensuite un autre acompte de 197 fr.; qu'il ne reste donc plus à la fabrique que 220 fr. à acquitter pour éteindre cette dette.

(1) Ils finirent par donner leur consentement à leur demoiselle qui, entrée dans le couvent de son choix, y vécut heureuse et y mourut en paix, preuve que c'était sa vocation.

M. Ducrot quitta non seulement la paroisse de Vallery, mais même le diocèse de Sens, dans lequel il revint plus tard mourir après quelques années de ministère pastoral à Appoigny. Pour le moment, il était fort irrité contre son archevêque Mgr Mellon Jolly, qui, prétendait-il, ne l'avait pas soutenu dans la lutte contre son puissant adversaire.

M. Ducrot était petit de taille, d'une intelligence vive, d'un cœur ardent et désintéressé et d'une étonnante facilité d'élocution. Quel dommage que quelques grains d'humilité n'aient point infusé une force équilibrante dans cette riche et sémillante nature. Les excès de ses bonnes qualités rendirent celles-ci la plupart du temps inutiles et parfois nuisibles à lui-même et aux autres.

XLVII. — FONTE DE 3 CLOCHES, CLOCHER NEUF, HORLOGE PUBLIQUE, INTÉRIEUR DE L'ÉGLISE TRANSFORMÉ, VENTE DE PROPRIÉTÉS, CHEMIN DE CROIX, NOUVELLE MAISON DES RELIGIEUSES. LIBÉRATION DES DÉBITEURS HYPOTHÉCAIRES. M. BRUAND A SENS.

10º M. Bruand (Achille-Auguste, 1857 à 1872). Pendant les quinze ans environ qu'il exerça le ministère pastoral à Vallery, il accomplit des œuvres grandes et durables.

Il s'attacha d'abord à calmer en M. et Mme de Larochejacquelein l'émotion dont ils rendaient son prédécesseur et la religion responsables et dont il était à craindre qu'il eut à souffrir. Ses intentions pacifiques réussirent d'autant mieux qu'il y avait au fond des cœurs ulcérés une foi sincère les prédisposant au pardon des blessures d'amour-propre et à l'esprit de sacrifice.

Le 19 avril 1857, le conseil de fabrique décide la refonte de deux vieilles cloches, pesant, l'une 698 kilogs, l'autre

55 kilogs seulement, dont la matière devra servir à en produire une seule, du poids de 700 kilogs. Puis l'acquisition d'une autre cloche neuve qui ne devra pas peser moins de 1.000 kilogs avec un ton de différence dans le diapason du son. Celle-ci coûta 4.500 fr., l'autre dont on n'avait que la façon à payer, 500 fr. Somme ronde 5.000 fr.

La plus grosse (1016 kgs) porte cette inscription « fondue
« par les soins de la fabrique de Vallery : Ambroise Malabre,
« président ; Bonaventure Bénard, trésorier ; Jacques
« Cécile, Jean-Louis Bénard, Séverin Tourlier, membres
« du conseil de fabrique. L'an de grâce 1857... Pie IX pape
« régnant, Napoléon III empereur ; Mellon-Jolly, archevê-
« que de Sens... Achille Auguste Bruand, curé de Vallery ;
« j'ai été bénite par Son Eminence François-Nicolas Magde-
« leine, Cardinal Morlot, archevêque de Paris et nommée
« Marie-Françoise Henriette par M. Henri Auguste-Geor-
« ges du Vergier, marquis de Larochejacquelein. *Deum*
« *laudo plebem voco, defunctos ploro, demones fugo festa*
« *decoro*. Je pèse 1016 kilogs. »

La seconde porte une inscription identique à la précédente jusqu'à ces mots : « J'ai été bénite par Mgr Mellon-
« Jolly, archevêque de Sens... Nommée Marie-Gabrielle par
« M. Julien-Marie Gaston, comte de Larochejacquelein et
« Mlle Gabrielle Pélagie Mathilde de Sade... *Ad te Domine*
« *clamabo*. Je pèse 754 kilogs. » A l'occasion de ces cérémonies religieuses que l'on est convenu d'appeler baptêmes de cloches, il y eut comme on le pense bien de grandes réjouissances dans la paroisse, de splendides réceptions au château. M. le Marquis ne faisait point les choses à demi. Les nuages du passé se dissipèrent, et si je ne craignais de faire un peu d'esprit alambiqué, je dirais que l'harmonie des nouvelles cloches inaugura l'harmonie entre les châtelains et leur nouveau curé.

Depuis plus de cent ans, c'est-à-dire depuis l'année 1751,

les curés de Vallery regardaient leur clocher comme peu digne de leur paroisse. Ils se demandaient en y réfléchissant par quels moyens ils pourraient en arriver à le remplacer par un autre plus convenable. Toutefois, leur désir ne reposait que sur des raisons de convenances et d'embellissement. Depuis la fonte des deux cloches, il s'y adjoignit une raison plus sérieuse, celle de la solidité. Ledit clocher se faisait vieux, et voilà que malgré la caducité de l'âge, on l'a chargé du fardeau de deux cloches plus volumineuses que les précédentes et qui dans leurs fréquents balancements secouent à le disloquer leur antique domicile aérien ; il est temps que la Providence y pourvoie. Elle intervint en effet (1). Le 8 mars 1863, M. Bruand, communiqua au conseil de fabrique réuni extraordinairement une lettre du 5 courant, datée de Paris et ainsi conçue :

« Monsieur le curé,

« Le clocher de Vallery n'offrant pas les conditions désirables de solidité, Mme de Rochechouart et moi nous proposons au conseil de fabrique de la paroisse de Vallery de le reconstruire à neuf. Ci-joints les plans de restauration. Nous nous engageons Mme de Rochechouart et moi à payer intégralement toutes les sommes nécessaires pour la restauration du dit clocher. Veuillez donc réunir le conseil de fabrique et lui faire part de notre proposition... Recevez, M. le curé, l'assurance, etc. Signé Aimery, Comte de Rochechouart. »

On comprend avec quelle joie et quels sentiments de reconnaissance M. le curé et son conseil de fabrique accueillirent cette proposition et y répondirent.

(1) J'ai plusieurs fois entendu dire, et par discrétion je n'ai point cherché à vérifier la chose, que M. et Mme de Rochechouart désirant la réussite d'une affaire importante avaient fait vœu de reconstruire le clocher de Vallery si le succès répondait à leur désir ; il y répondit sans doute, car le vœu fut largement accompli.

Le 9 juin suivant eut lieu solennellement la pose de la première pierre (voir au registre des délibérations fabriciennes, fol. 69, les détails de cette cérémonie). Le 13 août 1865 se dressait complètement achevée, la flèche élégante qui actuellement attire et charme de loin les regards des voyageurs.

On y suspendit une 3e cloche plus grosse que les deux premières. Le poids en fut vérifié le 27 octobre 1864 avec toutes sortes de difficultés, l'instrument de pesage étant venu à casser pendant l'opération. Elle pèse 1516 kilogs. Elle a la voix majestueuse d'un petit bourdon... Le 3 novembre suivant, elle fut bénite solennellement par Mgr l'Archevêque de Sens, comme l'indique son inscription : « L'an de grâce 1864, Pie IX pape régnant, Napoléon III, Empereur, « Achille-Auguste Bruand, curé de Vallery, j'ai été bénite « par Mgr Mellon-Joly, archevêque de Sens, assistant au « trône pontifical, nommée Marie-Aimery-Marguerite par « M. Aimery Louis Victurnien, comte de Rochechouart, « maire de Vallery et par Mme Anne Marie Laurence du « Vergier de Larochejacquelein, comtesse de Rochechouart. » Au côté opposé à cette inscription est en relief l'image de la Sainte Vierge, patronne de la cloche avec cet exergue : « *Magnificat anima mea Dominum.* » Le coût de cette cloche est de plus de cinq mille francs.

Le conseil de fabrique accorde à M. le comte et à Mme la comtesse de Rochechouart le titre éminemment mérité de bienfaiteurs de l'église et la jouissance à perpétuité de la chapelle de Notre-Dame de Pitié, faisant le pendant à celle où sont les fonts baptismaux dite de Saint Jean-Baptiste, qui se trouvent sous le clocher de chaque côté de l'entrée principale de l'église face au couchant.

A peu près dans le milieu de la hauteur du clocher, on aperçoit de loin deux cadrans avec leurs flèches indiquant les heures du côté du midi et de l'ouest, et de temps en temps une sonnerie les annonce, avec leurs divisions par quart, demie, trois quarts. L'horloge qui fonctionne de la sorte est encore une libéralité de la même famille. Du côté nord, regardant le cimetière, un cadran simulé seulement par une circonférence, image de l'éternité, exprime en gros caractères cette pensée mélancolique tirée de l'Apocalypse : « *Tempus non erit amplius...* » il n'y aura plus de temps. A l'intérieur du clocher, au-dessus du mécanisme de l'horloge sont suspendues les trois belles cloches dont nous avons parlé.

La construction du clocher communiqua un aspect plus majestueux à la façade ouest de l'église et permet d'établir au dedans, ce que l'on appelle une tribune s'étendant au-dessus de la porte principale et des deux chapelles qui sont à droite et à gauche de cette porte.

L'intérieur lui-même, tout entier de l'église, subit une transformation considérable. Son plafond primitif fait place à une voûte avec nervures se croisant à la clef, et venant reposer sur des consoles soudées aux murs latéraux. Cette amélioration donnant au dit intérieur un cachet plus religieux avait été heureusement exécutée. Mais voici que par l'effet de la poussée de la voûte les murs latéraux et surtout celui du midi, perdaient de leur aplomb et que des lézardes s'ouvraient à la voûte. Cet imprévu causa de justes alarmes; il fallait vite y remédier.

D'abord pour soulager la charpente des combles et conséquemment les murs sur lesquelles elle est appuyée on substitua l'ardoise légère à la lourde tuile de la toiture ; les anciens contreforts furent consolidés et on en ajouta d'autres ; puis, quand on fut à peu près sûr que le mouvement de poussée avait cessé, des ouvriers furent commandés pour boucher les lézardes qui ne se reproduisirent point, ce qui prouva l'efficacité des remèdes employés. C'était donc dépenses sur dépenses. La fabrique seule y fit face. Elle vendit en 1862 trois lots de peupliers lui appartenant au territoire de Dollot, sacrifia une obligation de 900 fr. qui avec 400 fr. d'arriéré de la rente léguée par M. de La Ferrière et 3.000 fr. qu'elle emprunta lui permirent de porter à son budget, pour une année seulement, 5000 fr. aux projets de dépenses. Tous ces travaux de restaurations diverses et successives au dehors et au dedans de l'église étaient terminés en 1863.

Mademoiselle de Sade avait contribué à son ornementation en la meublant d'un beau chemin de croix en pâte céruséenne, peint genre moyen âge rehaussé d'or. Il fut inauguré un 14 avril jour du Vendredi saint 1865. Nous plaçons aussi à cette date, quoique nous n'ayons rien de fixe pour la déterminer, une autre libéralité de Mlle de Sade, c'est la construction d'une maison d'école pour les sœurs religieuses de Vallery.

Le local légué par M. le comte de Sade son père était trop étroit. Il manquait d'air et de lumière, et de dépendances suffisantes pour les récréations des enfants. Mlle de Sade avait reconnu ces défectuosités de la maison des religieuses et de leurs écolières, et elle était disposée à s'en procurer une autre dans des conditions hygiéniques meilleures. M. le curé Bruand s'empressa d'aider Mlle à réaliser sa bonne inspiration, s'improvisa son architecte ; fut d'avis qu'il fallait bâtir en place nette, exposa ses plans. Et Mlle le chargea de les mettre à exécution.

Et c'est ainsi qu'un édifice scolaire spacieux, enveloppé de toutes parts d'air et de soleil, avec grande cour par devant, au midi et jardinet par derrière au nord, s'éleva rapidement, offrant aux maîtresses des appartements sains, ayant vue sur les champs, les bois et la prairie, et aux écolières de grandes salles de classe abondamment éclairées et une longue et large cour, plantée de tilleuls, de pins, de lilas pour les heures des récréations et des ébats joyeux si utiles à la santé des enfants.

Je me permettrai une critique à l'œuvre de M. Bruand. C'est de n'avoir point fait entrer dans ses plans l'établissement d'un préau couvert où les enfants puissent se retirer et jouer pendant la pluie. Cette observation me vient à l'esprit parce que j'ai souvent entendu regretter l'absence de cet abri surtout par les écolières. Mais on ne pense point à tout. Si M. Bruand eût songé à ce détail pratique, il l'eût réalisé, car la bourse dans laquelle il puisait lui était généreusement ouverte. Combien y puisa-t-il ? Mlle de Sade ne l'a dit à personne ; toutefois, d'après les conjectures des ouvriers qu'elle a employés, outre le terrain à elle appartenant, et les bois de charpente qui furent pris dans ses propriétés, Mlle a dû débourser pour son établissement scolaire de 24 à 25 mille francs.

Comme on le voit, les châtelains de Vallery, quand il s'agit de la dignité du culte, de l'embellissement de l'église, du bien de la paroisse ne reculent devant aucun sacrifice. C'est d'eux que viennent les plus beaux ornements des jours de fêtes solennelles, son ostensoir en vermeil, son calice de même métal avec tous ses accessoires.

La fabrique était restée propriétaire de plusieurs parcelles de terre labourable échappées comme nous l'avons fait remarquer ailleurs aux pilleries révolutionnaires et dont nous avons indiqué l'origine. La location de ces terres devenait difficile et peu lucrative. Les locataires s'attardaient souvent pour le paiement des loyers. M. Bruand de concert avec le conseil de fabrique en 1869 pensa qu'il serait plus avantageux de vendre ces terres et d'en placer l'argent à intérêt. L'autorisation nécessaire en pareil cas ayant été obtenue, elles furent mises aux enchères le vendredi 26 février. Cette vente produisit un capital de 3 685 fr. à l'aide duquel la fabrique se procura une rente de 200 fr. 3 % sur l'Etat. Il est évident que ce revenu clair et sans frais est d'une perception plus facile et plus ponctuelle que celle des loyers. Mais à voir comme sont actuellement (1885) les affaires financières de l'Etat n'aura-t-on pas à se repentir de cet aliénation. Il est vrai qu'en février 1869, qui aurait pensé que nous en viendrions où nous en sommes aujourd'hui (1885).

Avec le temps, les biens qui avaient appartenu au prince Henri II de Condé et que sa fondation frappait d'une rente hypothécaire de 1100 livres, se morcelèrent par suite de partages des héritiers ou de ventes, et corrélativement les débiteurs de cette rente se multiplièrent suivant le nombre des héritiers, ou acquéreurs ; de là une complication désagréable dans la comptabilité du trésorier de la fabrique ; d'autre part, les propriétaires débiteurs ne supportaient pas sans ennuis les servitudes auxquelles étaient soumis leurs immeubles et cherchaient à s'en libérer par un remboursement quelconque.

Dès juin 1867, des pourparlers furent engagés avec la fabrique de Vallery par MM. Leroux et Vignon au sujet d'un remboursement *de cent-dix francs* qui étaient garantis par une propriété démembrée de la terre de Vallery, nommée la Bernagou dont ils s'étaient rendus acquéreurs. La fabrique ne voulant pas renouveler la faute du 5 juillet 1812 en divisant de nouveau l'hypothèque, repoussa la proposition de MM. Leroux et Vignon.

En novembre même année et en décembre de l'année suivante, nouvelles intances de la part des mêmes. Cette fois ils offrent à la fabrique un remboursement collectif d'une somme pouvant produire onze cents francs de rente. La fabrique répond par un refus motivé, et l'un des principaux motifs allégués c'est que d'après le testament du prince de Condé la libération de la servitude hypothécaire, si elle a lieu, ne peut se faire que par la remise aux mains de la fabrique *d'un fond de terre* susceptible de produire au moins douze cents livres de rente.

Repoussés sur ce point, les demandeurs opiniâtres offrent un remboursement partiel, il est vrai, mais proportionnel, selon leurs propriétés, à *une totalité* pouvant produire 1.200 fr. de rente. La fabrique répond de nouveau qu'elle ne veut à aucun prix diviser l'hypothèque et rappelle encore les clauses du testament du Prince.

MM. Roux et Vignon, après un certain temps donné à la réflexion reviennent à la charge en février 1869. Cette fois, ils ont fait un grand pas pour se rapprocher de la fabrique. Après avoir sollicité et obtenu l'approbation préfectorale, ils consentent à se libérer moyennant l'assurance à la fabrique d'une rente de 1.200 fr. 3 % sur l'Etat.

La fabrique, retenue par certains scrupules, provenant de la crainte d'être imprudente en ne s'en tenant pas à la clause du testament qui exige un remboursement *en fonds de terre* finit néanmoins après de longues hésitations, par céder l'année suivante.

Munie des autorisations requises en pareil cas, elle accepta la dite rente de douze cents francs 3 % sur l'Etat, à savoir : Mille quatre-vingt-dix sept fr. de la part de MM. Leroux et Vignon, en un titre 3 % lequel titre joint à un autre de cent trois fr. venant des héritiers Klinglin formerait la dite rente annuelle et perpétuelle de 1.200 fr., sauf ensuite à MM. Leroux et Vignon, subrogés dans tous les droits hypothécaires de la fabrique, de s'arranger comme ils l'entendront avec leurs codébiteurs.

Assurément, une propriété, selon les clauses du testament du Prince eut été préférable à un titre 3 % sur l'Etat pour la solidité de la rente léguée à la fabrique de Vallery. On a vu l'Etat français faire banqueroute en 1798, mais c'était en temps de république, et quand la fabrique consentit à ce genre de remboursement on était au 26 mai 1870. Le suffrage universel venait de donner au gouvernement du second Empire une majorité des plus imposantes. Un titre sur l'Etat pouvait donc à ce moment sembler une garantie aussi sûre qu'une propriété. Qui se serait douté que dans cette même année le gouvernement si fortement appuyé, du moins en apparence, s'écroulerait tout à coup par suite d'une guerre désastreuse et serait remplacé par une République très peu rassurante pour les intérêts de chacun et surtout pour ceux de l'Eglise.

Cette guerre déclarée sans préparation suffisante, déchaîne sur la France une invasion allemande. A Vallery, comme dans tous les autres pays de chaleureuses démonstrations de patriotisme se manifestent. Tous les hommes valides s'exercent au maniement des armes, montent des gardes de jour et de nuit à tour de rôle pour arrêter des espions que les imaginations surexcitées voyaient partout et s'encouragent les uns les autres à faire une vigoureuse résistance aux Prussiens lorsqu'ils mettront le pied sur le territoire. Le nommé Emile Bagard, simple officier de santé, parce que ses facultés intellectuelles ne lui avaient pas permis d'atteindre au grade imposant de docteur, manifestait un grand zèle pour l'organisation de la résistance à l'ennemi. Du consentement du maire, il excite et préside à l'ouverture d'une profonde et large tranchée coupant la route de Paris à une centaine de mètres environ en dehors du bourg de Vallery.

Vers le milieu de novembre, les Prussiens pressés de secourir leur armée battue par les Français à Coulmiers, près d'Orléans, arrivent du côté de Sens par toutes les voies praticables et spécialement par la grand'route qui traverse le village de Vallery A leur apparition, les démonstrations de bravoure s'évanouissent. Les officiers municipaux, se dissimulent de leur mieux ; Emile Bagard, le terrible pourfendeur, est tout heureux de trouver dans les dépendances de la maison du père Germain Cornichon un toit à chiens où il se blottit suant de couardise, jusqu'à ce que la nuit venue, il puisse à la faveur des ténèbres, sans danger de rencontrer des Prussiens, s'éloigner par des sentiers à lui connus. Il s'éloigna si bien en effet, qu'il ne reparut au pays que quand les Prussiens eurent quitté le sol français.

M. le comte de Rochechouart voyant la patrie en danger, avait en sa qualité d'ancien officier, offert ses services, depuis un certain temps, au Gouvernement de la défense nationale. Il se trouvait enfermé dans Paris assiégé. Mme la Marquise de Larochejacquelein, devenue veuve et Mme de Rochechouart, sa fille avec ses enfants, encore très jeunes, étaient réfugiés dans une contrée qu'elles pensaient inaccessible à l'invasion. Mlle de Sade, effrayée de tous les racontars exagérés des journaux, s'était aussi exilée de Vallery ; quant à M. Bruand il resta impassible à son poste attendant avec une tristesse muette et une vive appréhension ce qui allait arriver.

A la vue de la tranchée qui leur barrait la route et devait retarder leurs mouvements qu'ils avaient ordre d'accélérer, les Prussiens devinrent furieux. Ne trouvant aucune autorité responsable à qui parler, ils braquèrent plusieurs pièces d'artillerie contre le village et tirèrent un certain nombre de coups. Quelques cheminées furent abattues, quelques toits percés ; heureusement qu'ils ne prirent pas le clocher et l'église très en vue, pour point de mire. Les soldats fouillèrent les maisons, cherchant des ouvriers pour combler la tranchée. Ils amenèrent tous ceux et même celles qu'ils trouvèrent, les chassant devant eux à coups de plat de sabre ou de crosse de fusil, et faute d'outils, les forcèrent à jeter avec leurs mains de la terre ou des pierres dans la fosse. La besogne n'allant pas assez vite, ils s'emparent d'un charron nommé Gâteau dont l'atelier est à la sortie du village, non loin de l'endroit où la route avait été coupée, et l'obligent à relier par un pont de bois fabriqué à la hâte, les deux bords de la tranchée. Quand il eut terminé, sans qu'on lui eut laissé un moment de répit, son pénible travail, le malheureux charron, comme garantie de la solidité de son œuvre, fut placé à genoux au milieu des soldats qui tinrent leurs fusils dirigés sur lui, tout le temps que défilèrent l'infanterie, la cavalerie, l'artillerie. Si le pont, par un accident quelconque se fut effondré, le pauvre charron était perdu. Lui-même m'a raconté qu'il avait passé, dans cette circonstance, de terribles heures, aussi exécrait-il cordialement l'ordonnateur de la tranchée qui, lui, avait su se tirer de long et mettre en sûreté sa précieuse personne.

Les Prussiens ne firent que passer à Vallery, comme un violent ouragan. Après leur disparition, le pays reprit son calme, non sans inquiétude pour l'avenir. Il ne revit plus ces terribles visiteurs.

En mars 1872, M. Achille-Auguste Bruand fut appelé à Sens par Mgr l'archevêque qui le nomma curé doyen de la paroisse Saint-Maurice au faubourg d'Yonne ; puis après quelques années de ministère dans cette paroisse, il fut élevé à la dignité de chanoine titulaire de la métropole. C'est dans ce poste que le Souverain maître vint le trouver et lui dire : *Serve bone et fidelis, intra in gaudium Domini tui.*

La structure de M. Bruand était allongée et sèche. La maigreur ascétique de sa figure, sa manière de marcher tout d'une pièce avec la rectitude d'une ligne verticale, lui donnait une apparence de sévérité et de raideur qui faisait dire à ses paroissiens qu'il était fier. Ce n'était point chez lui de la fierté, dans le sens vulgairement attribué à ce mot, mais une sorte d'absorption en lui-même que les gens ne sont point tenus de deviner ou de comprendre.

Etant de ceux qui sont convaincus que si les paroles sont d'argent, le silence est d'or, M. Bruand parlait peu habituellement. Quand il jugeait à propos de le faire et surtout quand il était mis en demeure par la contradiction de défendre son opinion, il s'animait, gesticulait, étendait les bras et les mains comme pour imposer et inoculer à son interlocuteur sa manière de voir et il y tenait parfois avec opiniâtreté. Ses idées étaient en rapport avec sa taille. Je veux dire grandes ou du moins tendant aux choses grandes. Les détails minutieux ne devaient point être de son goût. Il eut à Vallery le talent de dépenser ou de faire dépenser, au profit de l'église et de la paroisse, sans que la commune et le gouvernement n'y aient mis un centime, environ une centaine de mille francs (1) et cela sans appauvrir la fabrique. A son départ, il est vrai, il y avait bien encore à payer sur les cloches, un reliquat de 1500 francs prêtés sans intérêts par Mme la marquise de Larochejacquelein, à la fabrique, qui avec les économies réalisables chaque année, s'acquitta promptement de cette dette. Mme la Marquise, du reste, n'était guère inclinée à user de pression pour rentrer dans ses avances, et M. Bruand le savait quand il avait fait auprès d'elle un appel de fonds.

Pendant tout le temps de sa gestion pastorale à Vallery, M. Bruand n'eut qu'un seul chapelain, M. l'abbé Percheron, ancien curé de Vinneuf, auquel Mgr l'archevêque avait assigné, comme retraite, cet humble emploi. Sa mort en 1871 le laissa inoccupé. Les avantages matériels de ce poste ecclésiastique ne le rendaient pas enviable. Le chapelain était obligé de se loger à ses frais ; d'appliquer consciencieusement aux âmes de la famille des Condé, sa messe de chaque jour, *à la rigueur* de se fournir les objets nécessaires à l'accomplissement des fonctions de sa chapellenie. Si la fabrique les lui accordait, ce n'était que bénévolement et à titre de tolérance. Pour subvenir à ces obligations, et surtout à celle de se procurer les moyens de vivre à l'aide d'une domesticité quelconque, il ne touchait annuellement que la somme de 1.100 francs. Le nouveau curé de concert avec le conseil de

(1) Clocher : chiffre rond : 50.000 fr. Maison d'école des religieuses, 25.000 fr. Trois cloches, 10.000 fr. Restaurations diverses à l'église, 15.000 fr. Total approximatif au dessous de la réalité, 100.000 fr.

fabrique se préoccupa, dès l'abord, d'améliorer cette position d'un sien confrère. Le remboursement de la servitude hypothécaire résultant de la fondation du prince de Condé, par un capital produisant...1.200 fr. de rente au lieu de 1.100 fait bénéficier la fabrique de 100 fr. dont le testament du Prince autorisant ce remboursement ne spécifie pas l'application; la fabrique convient de créer en faveur du chapelain un droit à tout ce qui lui est nécessaire (pain, vin, luminaire, linges, vases sacrés) pour accomplir *ses fonctions de chapelain*. Une supplique est adressée, par l'intermédiaire de Mgr l'Archevêque de Sens, à Son Altesse Mgr le Duc d'Aumale, lui demandant un secours d'argent pour l'acquisition d'une maison qui se trouvait à vendre, non loin de l'église et qui serait appropriée et affectée au logement du chapelain. Mgr le Duc d'Aumale accorde généreusement le secours demandé et le chapelain désormais aura son chez soi. Et de plus, quand l'absence forcée de chapelain, obligera la fabrique à faire dire les messes de la fondation à M. le curé ou aux curés voisins, il s'en suivra quelques économies sur la rente de 1100 fr. qui ne sera pas entièrement dépensée *en honoraires*. Il est stipulé que ces économies seront cumulées au profit de la chapellenie. La stricte justice devrait ainsi contribuer à faire du poste de chapelain de Vallery une retraite convenable à quelque vieux prêtre encore assez valide pour célébrer la Sainte Messe.

XLVIII. — SITUATION FINANCIÈRE DE LA FABRIQUE RÉSUMÉ ET CONCLUSION. POST-SCRIPTUM

Voici un aperçu de l'avoir fixe de la fabrique de Vallery à l'époque où, remplaçant M. le curé Bruand, je commençai à exercer le ministère pastoral dans cette paroisse.

Pour ce qui concerne la chapellenie.

Deux titres de rente 3 % nominatifs, sur l'Etat français.

N° 5585 — 103 fr. Titre de 103 fr. de rente annuelle provenant du remboursement partiel de la fondation hypothécaire de Henri II de Condé, par les héritiers de M. le Baron de Klinglin, définitivement réglé avec approbation du gouvernement le 4 décembre 1865.

N° 4193 — 1097 fr. Titre de 1097 fr. de rente provenant du remboursement intégral de la susdite fondation par tous les intéressés, définitivement réglé avec approbation du gouvernement le 26 mai 1870.

Pour ce qui concerne spécialement l'église.

N° 4433 — 14 fr. de rente 3 % sur l'Etat français, provenant d'un terrain-pré légué à l'église par M. le curé Front. Autorisation gouvernementale 11 septembre 1851.

N° 4434 — 82 fr. de rente *it. it.* provenant du legs de M. le général comte de La Ferrière. Autorisation : 2 février 1857.

N° 4631 — 800 fr. de rente *it. it.* provenant du legs de Mme Appoline Foulon de Doué, comtesse de La Ferrière. Autorisation gouvernementale 29 mars 1858.

N° 5068 — 200 fr. de rente *it. it. it.* provenant de la vente de terres labourables appartenant à la fabrique. Transfert légal de titres au porteur, achetés d'abord en un seul titre nominatif le 26 avril 1875.

A reporter 2296 fr.

Report   2296 fr.

50 fr. de rente provenant d'un legs de M. le curé Front, dont nous avons omis par inadvertance de copier l'inscription avec détails authentiques.

Total   2346 fr.   de rentes fixes.

Résumé et Conclusion. L'église, le cimetière, le presbytère ancien viennent des princes de Condé. La petite rente qui permet la présence à Vallery d'un prêtre chapelain a été fondée par le testament de l'un de ces princes. Son legs, ainsi que les legs pieux qui l'avaient précédé et ceux qui l'ont suivi réclament presque tous *à perpétuité* des prières tout en se proposant de pourvoir aux besoins du culte catholique.

Le nouveau presbytère a été construit avec les débris de l'ancien, aux frais de Mme la comtesse de La Ferrière. La maison d'école des filles est un magnifique établissement dû à la générosité de Mlle de Sade. C'est la bourse de Mgr le Duc d'Aumale qui a procuré un logement au chapelain. Enfin toutes les améliorations et restaurations importantes opérées du temps de MM. les curés Ducrot et Bruand, et on peut même dire de tout temps, l'ont été avec les subsides des familles nobles et autres, inspirées par leurs sentiments de piété et leur désir de favoriser l'exercice convenable du culte catholique. C'est encore à ces mêmes familles, et aux mêmes sentiments de foi qui les animent que nous attribuons la prospérité actuelle de l'église. Les témoignages les plus irrécusables et les plus authentiques nous le prouvent, mais l'avenir nous semble gros de nuages.

Nous ne savons ce qui couve sous les événements dont nous sommes aujourd'hui témoins. Ce que nous savons, c'est que le régime gouvernemental sous lequel nous vivons a été dans le passé un régime de persécution et de destruction de la foi et des œuvres catholiques et ses gestes actuels nous pronostiquent le danger de lui voir reprendre le rôle de son devancier.

Que si les ressources qui sont restées ou ont été refaite aux églises de France et notamment à celle de Vallery venaient à tenter les instincts rapaces des républicains libres-penseurs, ceux-ci n'auraient pas la moindre excuse pour colorer leur vol sacrilège. Ils n'auraient que *le droit du plus fort* qui est celui des brutes, et leur triomphe, s'il était possible, annoncerait que le sens de la justice est effroyablement diminué en France. *Octobre* 1886.

Post-srciptum. Le 2 avril 1872, je fus légalement installé en qualité de curé de la paroisse de Vallery.

Pendant les treize années que j'y ai vécu exerçant mon ministère pastoral, je m'efforçai de maintenir et même d'amender quelque peu, avec l'aide de Dieu, les améliorations et restaurations nées de l'activité et du zèle de mes prédécesseurs.

Mais les temps deviennent mauvais. Des hostilités contre la Religion et ses représentants encouragées par les diverses autorités Gouvernementales, surgissent de toutes parts, et notamment à Vallery... J'avais occupé mes loisirs à rechercher tous les documents religieux et civils concernant les faits qui ont donné à cette modeste paroisse un cachet particulièrement historique...

L'âge m'ayant forcé de prendre ma retraite, j'en profitai pour relire, coordonner, et relier entre eux ces documents, et je pus constater, non sans grande tristesse, que les pressentiments exprimés en 1886, à la fin de mon travail, sous ce titre *Résumé et conclusion* se sont réalisés...

Maintenant, il n'y a plus de presbytère, plus de maison

d'école des religieuses (1) plus de logement de chapelain, plus de rentes pour subvenir aux messes et services des défunts et à l'entretien de l'église et du culte divin. Tout a été cambriolé. O ! Justice républicaine !... Bonnes gens de Vallery, qui fûtes jadis mes chers paroissiens, en êtes-vous devenus plus riches, en payez-vous moins d'impôts, en deux mots, en êtes-vous moralement et matériellement plus heureux ???

C. HEURLEY,
Chanoine honoraire de Sens.

Mai 1913.

(1) Le presbytère et la maison d'école des religieuses ont été vendus au profit de qui ou de quoi ? Je ne sais, Monsieur Pierre de Waru, mon excellent voisin d'autrefois, s'est rendu acquéreur dudit presbytère et y loga gratuitement M. le curé, Madame Pierre de Varu, née de Sade, nièce et héritière de Mlle Gabrielle Pélagie de Sade qui avait fait construire sur son terrain ladite aison d'école, ne voulant pas que cette propriété de sa tante passât en des mains étrangères racheta coûte que coûte son propre bien !!!!...

www.ingramcontent.com/pod-product-compliance
Lightning Source LLC
Chambersburg PA
CBHW051909160426
43198CB00012B/1810